农业经理人职业基础知识

主　　编　王　慧　应苗红
副主编　　彭　静　王　靖　刘　雯
参编人员　侯林林　姚华伟　卢声权

西南交通大学出版社
·成都·

图书在版编目（CIP）数据

农业经理人职业基础知识 / 王慧，应苗红主编. -- 成都：西南交通大学出版社，2024.6
ISBN 978-7-5643-9807-1

Ⅰ. ①农… Ⅱ. ①王… ②应… Ⅲ. ①法律 – 中国 – 职业培训 – 教材 Ⅳ. ①D92

中国国家版本馆 CIP 数据核字（2024）第 083528 号

Nongye Jingliren Zhiye Jichu Zhishi
农业经理人职业基础知识

主　编 / 王　慧　应苗红	责任编辑 / 周媛媛
	封面设计 / 吴　兵

西南交通大学出版社出版发行
（四川省成都市金牛区二环路北一段 111 号西南交通大学创新大厦 21 楼　610031）
营销部电话：028-87600564　　028-87600533
网址：http://www.xnjdcbs.com
印刷：四川森林印务有限责任公司

成品尺寸　185 mm × 260 mm
印张　10　　字数　248 千
版次　2024 年 6 月第 1 版　　印次　2024 年 6 月第 1 次

书号　ISBN 978-7-5643-9807-1
定价　32.00 元

课件咨询电话：028-81435775
图书如有印装质量问题　本社负责退换
版权所有　盗版必究　举报电话：028-87600562

前言 PREFACE

农业经理人是指在传统农业向现代农业转变过程中，为实现农业生产产业化、规模化、现代化，生产经营管理活动专业化应运而生的一大批爱农业、懂技术、善经营的高素质人才。2019 年，国家有关部门正式将其纳入国家职业分类大典。

农业经理人是农业经济组织规模化经营的核心人员，是乡村振兴生产经营型人才的领头雁。《中共中央 国务院关于做好 2023 年全面推进乡村振兴重点工作的意见》提出乡村振兴人才支持计划和高素质农民培育计划，是乡村振兴人才的两个重点人才方向。为全面提升农业经理人队伍素质，满足农业经理人培训教育工作需要，依据农业农村部、人力资源和社会保障部颁布的《农业经理人国家职业技能标准》，我们编写了本教材。

本教材涉及农业经理人现代农业知识、农业经理人职业素养、现代农业基础知识、农业经济组织经营管理、农业经理人创新思维、"互联网+"农业、农耕文化及其传承与发展，以及农业综合性法律法规等相关内容。在成书过程中，始终坚持理论与实践相结合，以职业能力为本位，满足职业岗位的需要，与相应的职业技能等级证书标准接轨，内容全面丰富。既可以作为农业经理人职业技能培训和考核评价的培训资料，也可以成为从事农业经济组织经营管理人员的学习参考资料，还可供其他相关人员学习、研究。

本教材编写团队成员来自成都农业科技职业学院、黑龙江农垦经济职业学院、四川崇州恒丰园艺科技有限责任公司、成都市今日桃乡水果农民专业合作社。主编王慧教授负责教材的整体策划和统稿，应苗红负责教材的统稿，并参与了章节内容的编写；副主编彭静、王靖和刘雯主要负责章节内容的编写；参编侯林林、姚华伟、卢声权负责审稿校对工作。

本教材在编写过程中参阅并借鉴了国内同类优秀教材和网络资源，在参考文献中无法一一列出，在此一并表示感谢！由于编者水平有限，书中若有不妥之处，恳请广大读者和专家批评指正。

编者

2023 年 11 月

目录 CONTENTS

第一章 农业经理人现代农业知识 ·················· 1
 第一节 乡村振兴战略 ························ 1
 第二节 粮食安全战略 ························ 6
 第三节 现代农业产业化发展 ···················· 11
 第四节 现代农业新业态 ······················ 17

第二章 农业经理人职业素养 ······················ 22
 第一节 农业经理人职业认知 ···················· 22
 第二节 农业经理人职业道德 ···················· 25

第三章 现代农业基础知识 ························ 33
 第一节 现代农业新技术 ······················ 33
 第二节 农产品加工技术 ······················ 42
 第三节 农产品质量安全 ······················ 51
 第四节 农业信息技术 ························ 54
 第五节 农业生态与环境保护 ···················· 59
 第六节 涉农产品销售新技术 ···················· 65

第四章 农业经济组织经营管理 ···················· 73
 第一节 管理基本知识 ························ 73
 第二节 农产品质量管理标准 ···················· 76
 第三节 农产品生产过程管理 ···················· 78
 第四节 农产品市场营销基本知识 ················ 81
 第五节 农业金融与保险 ······················ 84

第五章 农业经理人创新思维 ······················ 94
 第一节 农业经理人创新思维的方法 ·············· 94
 第二节 农业经理人创新思维的培养 ·············· 96

第六章 "互联网+"农业 ·························· 101
 第一节 智慧农业的发展 ······················ 101
 第二节 农业物联网的应用 ···················· 110

第七章　农耕文化及其传承与发展 ·· 121
第一节　农耕文化的内容 ··· 121
第二节　农耕文化的传承与发展 ··· 126

第八章　农业综合性法律法规 ·· 137
第一节　农业综合性法律 ·· 138
第二节　市场经营主体相关法律 ··· 145
第三节　劳动者保护相关法律 ·· 147
第四节　其他相关法律 ·· 151

参考文献 ·· 154

第一章　农业经理人现代农业知识

学习目标：

1. 知识目标
- ◆ 掌握乡村振兴战略的重要意义与要求
- ◆ 掌握粮食安全战略的主要内容
- ◆ 了解现代农业三大支柱体系构建
- ◆ 掌握现代农业新业态

2. 技能目标
- ◆ 能掌握保障粮食安全的主要措施
- ◆ 能学会培育壮大新型农业经营主体的方法

3. 素养目标
- ◆ 培养学生服务"三农"、振兴乡村的情怀
- ◆ 增强学生保卫国家粮食安全的意识

第一节　乡村振兴战略

党的二十大报告明确指出：全面建设社会主义现代化国家，最艰巨最繁重的任务仍然在农村。坚持农业农村优先发展，坚持城乡融合发展，畅通城乡要素流动。加快建设农业强国，扎实推动乡村产业、人才、文化、生态、组织振兴。

一、乡村振兴战略的重要意义

乡村是具有自然、社会、经济特征的地域综合体，兼具生产、生活、生态、文化等多重功能，与城镇互促互进、共生共存，共同构成人类活动的主要空间。乡村兴则国家兴，乡村衰则国家衰。我国人民日益增长的美好生活需要和不平衡不充分的发展之间的矛盾在乡村最为突出。中国社会仍然处于并将长期处于社会主义初级阶段，它的特征在很大程度上表现在乡村。全面建成社会主义现代化强国，最艰巨最繁重的任务在农村，最广泛最深厚的基础在农村，最大的潜力和后劲也在农村。实施乡村振兴战略，是解决新时代我国社会主要矛盾、实现"两个一百年"奋斗目标和中华民族伟大复兴中国梦的必然要求，具有重大现实意义和深远历史意义。

(一)建设现代化经济体系的重要基础

农业是国民经济的基础,农村经济是现代化经济体系的重要组成部分。乡村振兴,产业兴旺是重点。实施乡村振兴战略,深化农业供给侧结构性改革,构建现代农业产业体系、生产体系、经营体系,依托农业农村资源,因地制宜发展各类产业,实现农村第一、二、三产业深度融合发展,有利于推动农业从增产导向转向提质导向,增强我国农业创新力和竞争力,为建设现代化经济体系奠定坚实基础。

(二)建设美丽中国的关键举措

乡村振兴战略为改善农村生态环境提供动力,是实现美丽中国的关键举措。乡村占我国国土面积的绝大部分,农业是生态产品的重要供给者,乡村是生态涵养的主要区域,生态是乡村最大的发展优势。乡村振兴,生态宜居是关键。实施乡村振兴战略,统筹山水林田湖草系统治理,加快推行乡村绿色发展方式,加强农村人居环境整治提升,有利于构建人与自然和谐共生的乡村发展新格局,实现百姓富、生态美的统一。

(三)传承中华优秀传统文化的有效途径

中华文明根植于农耕文化,乡村是中华文明的基本载体。乡村振兴,乡风文明是保障。实施乡村振兴战略,深入挖掘农耕文化蕴含的优秀思想观念、人文精神、道德规范,结合时代要求在保护传承的基础上创造性转化、创新性发展,有利于在新时代焕发出乡风文明的新气象,进一步丰富和传承中华优秀传统文化。

(四)健全现代社会治理格局的固本之策

社会治理的基础在基层,薄弱环节在乡村。乡村振兴,有效治理是基础。实施乡村振兴战略,加强农村基层基础工作,健全乡村治理体系,确保广大农民安居乐业、农村社会安定有序,有利于打造共建共治共享的现代社会治理格局,推进国家治理体系和治理能力现代化。

(五)实现全体人民共同富裕的必然选择

农业强、农村美、农民富,关乎亿万农民的获得感、幸福感、安全感。乡村振兴,生活富裕是根本。实施乡村振兴战略,不断拓宽农民增收渠道,全面改善农村生产生活条件,促进社会公平正义,有利于增进农民福祉,让亿万农民走上共同富裕的道路,汇聚起建设社会主义现代化强国的磅礴力量。

二、乡村振兴战略的总要求

乡村振兴战略的总体要求是产业兴旺,生态宜居,乡风文明,治理有效,生活富裕。

(一)产业兴旺

产业兴旺是实现乡村振兴的基石。产业兴旺最重要的内容是发展现代农业,其重点在于通过产品、技术、制度、组织和管理的创新,提高良种化、机械化、科技化、信息化、标准化、制度化和组织化水平，从而推动农业、林业、牧业、渔业和农产品加工业的转型升级。一方面以新型专业农民、适度规模经营、经营外包服务和绿色农业为主要内容，大力发展现代农业，另一方面需促进乡村第一、二、三产业的一体化，促进农村产业链的延伸，创造更多的就业机会。

（二）生态宜居

生态宜居是提高乡村发展质量的保证。其内容包括建立干净整洁的村庄，村里的水、电、路等基础设施是完善的，倡导保护自然，适应自然，保护乡村气息，保护乡村景观和乡村生态系统，治理乡村环境污染，实现人与自然和谐共处，使乡村生活环境充满绿色，全面建设美丽乡村。

（三）乡风文明

乡风文明是乡村建设的灵魂。乡风文明建设包括促进乡村文化教育和医疗卫生等事业发展，改善乡村基本公共服务，大力弘扬社会主义核心价值观，传承遵规守约、尊老爱幼、邻里互助、诚实守信等乡村良好习俗，努力实现乡村传统文化与现代文明的融合，并充分借鉴国内外乡村文明的优秀成果，使乡风文明与时俱进。

（四）治理有效

治理有效是乡村善治的核心，一般治理的效果越好，乡村振兴战略的实施效果越好。因此，需要健全党委领导、政府负责、社会协同、公众参与、法治保障的现代乡村社会治理体制，健全自治、法治、德治相结合的乡村治理体系，同时加强乡村基层党组织建设，深化村民自治实践，建设平安乡村。

进一步加强党群和干部群众关系，有效地协调农民个体利益和集体利益、短期利益和长远利益，确保乡村充满活力且和谐有序。

（五）生活富裕

生活富裕是乡村振兴的目标。通常乡村振兴战略的实施效果需要用农民的富裕程度来评价，因此必须努力保持农民收入的快速增长，同时继续降低乡村居民的恩格尔系数，不断缩小城乡居民的收入差距，使广大农民和全国其他人民群众能够一起进入全面小康社会，稳步迈向共同富裕的目标。

三、乡村振兴战略的主要内容

（一）新时代乡村振兴的根本方向

1. 实施乡村振兴战略的总方针——坚持农业农村优先发展

因为城乡发展不平衡、农村发展不充分是当前我国社会主要矛盾的突出反映，因此必须把农业农村优先发展作为全面建设社会主义现代化国家进程中的重大方针来遵循，这样才能加快补齐经济社会发展中的农业这条短腿、农村这块短板，尽快实现工业化、信息化、城镇化、农业现代化同步发展。

2. 实现乡村振兴的根本途径——坚持城乡融合发展

只有打破城乡分隔的二元结构，才能使乡村摆脱在经济社会发展中被边缘化的窘境，使乡村获得与城镇同等重要的地位，在国家现代化建设进程中，发挥好乡村不可替代的特有功能、实现乡村应有的价值。

3. 实现乡村振兴的重要条件——畅通城乡要素流动

畅通城乡要素流动既是打破城乡二元结构的重要手段，更是实现乡村振兴的重要条件。在强调工业和城镇优先发展的背景下，乡村的土地、资金、劳动力等生产要素长期处于单向流往城镇的境地，而要素持续流失，就是造成乡村发展不充分甚至凋敝的一大根源。因此，在全面建设社会主义现代化国家的新时代，着力营造使资金、技术、人才从城镇流向乡村的环境和条件，不仅是城镇反哺乡村的责任和使命，更是培育新的投资和经济增长点，加快构建以国内大循环为主体、国内国际双循环相互促进发展的新发展格局的迫切需要。

（二）新时代乡村振兴的战略步骤

1. 第一步：构架制度稳基础，打赢脱贫攻坚战（2018—2020年）

2018年3月，习近平总书记在参加十三届全国人大一次会议山东代表团审议时提出了"五个振兴"的乡村振兴路线图，即产业振兴、人才振兴、文化振兴、生态振兴和组织振兴，构建起了乡村振兴的"四梁八柱"。①

党的十八大以来，以习近平同志为核心的党中央把脱贫攻坚作为实现第一个百年奋斗目标的底线任务和标志性指标，举全党全国之力向绝对贫困宣战。

2021年2月25日，习近平总书记在全国脱贫攻坚总结表彰大会上庄严宣告，我国脱贫攻坚战取得了全面胜利。我国在现行标准下农村贫困人口全部脱贫，历史性地消除了绝对贫困，创造了减贫治理的中国样本。

2. 第二步：坚持特色振兴路，系统攻克大难题（2021—2035年）

实施好乡村振兴的第二步战略，关键是要在已经确立好的制度框架下，坚持走中国特色社会主义乡村振兴之路，系统解决城乡融合发展、农村基本经营制度完善、农业供给侧结构性改革、乡村生态保护、乡村文化重振、乡村治理体系健全与创新等重大问题。

3. 第三步：文化重振促发展，决胜攻坚得振兴（2036—2050年）

乡村振兴进入决胜阶段，必须针对重点难题，尤其是乡村生态、文化及社会治理方面进行决胜攻坚。乡村文化的重振，需要从人才培育、基础设施建设、思想道德引导、文化素质教育等方面进行长期和综合的培养，乡村文化的重振不是一朝一夕就能完成的任务，因此实现乡村文化振兴是乡村振兴决胜阶段的重要内容。在乡村文化得以重振的基础上，乡村的生

---

① 新华网：《山东落实习近平总书记全国两会重要讲话精神纪实》，2019年2月27日，http://www.xinhuanet.com/politics/2019-02/27/c_1124170293.htm?utm_source=UfqiNews。

态环境和社会治理将会得到极大的补充和完善，由此在乡村地区形成人、自然、社会的良性互动与循环，最终使乡村实现从物质到精神的全面振兴。

（三）新时代乡村振兴的基本道路

1. 重塑城乡关系，走城乡融合发展之路

城乡关系是经济社会关系中最重要的关系之一。现阶段，我国城乡关系相对趋于平衡，但尚未根本理顺，城乡差距依旧较大。城乡居民在教育、医疗、社会保障、消费、就业等方面仍存在差距。如何处理好城乡关系，关乎乡村振兴建设全局。

2. 巩固农村基本经营制度，走共同富裕之路

共同富裕是新时代乡村发展的落脚点，是社会主义制度优势的集中体现。随着我国社会生产力的快速发展和市场竞争的日益激烈，出现了以家庭农场、合作社为主要形式的新型经营组织。对农村生产要素的投入、配置和使用的方式进行变革，探索新型农村集体经济发展路径和实现方式，维护和落实农村集体所有者权益，加快促进农村集体经济的发展速度，是当前乡村振兴战略实施过程中的一项重要任务。

3. 深化农业供给侧结构性改革，走质量兴农之路

2023 年我国粮食产量达 69 541 万吨[①]，已经成为名副其实的粮食生产大国。但进入新时期，农业生产方式还较为落后、农业生产成本和农产品市场价格偏高，国际竞争力较弱。全力推进农业供给侧结构性改革，坚定不移走质量兴农之路，是中国实现由农业大国向农业强国转变的必要途径。

4. 坚持人与自然和谐共生，走乡村绿色发展之路

绿色发展既是乡村振兴的内在要求，也是农业供给侧结构性改革的主攻方向。走绿色发展之路，符合广大农民对美好生活的向往，是践行人与自然和谐相处的必然要求，也是推动农业转型升级，实现可持续、集约化发展的重要方式。

5. 传承发展提升农耕文明，走乡村文化兴盛之路

走乡村文化兴盛之路，是弘扬中华传统文化的必经之路，也是提振农村精气神、增强农民凝聚力、孕育社会好风尚的重要途径。传承和发展农耕文明，繁荣乡村文化，才能让每个乡民真切地体会到"根脉"，寻得到乡愁，重塑新的乡村社会和乡村理想。

6. 创新乡村治理体系，走乡村善治之路

乡村治理是实施乡村振兴战略的重要内容，也是推进国家治理体系和治理能力现代化的重要方面。目前，乡村治理存在部分村党组织带头人素质能力不适应乡村治理新要求，治理中坚力量流失缺位，传统农村空心化、老龄化问题严重，乡镇政府权少责多等问题，面对推进乡村振兴的新使命，乡村治理体系和治理能力亟待强化。

---

① 数据来源于国家统计局网站 2023 年 12 月 11 日发布的数据。

第二节 粮食安全战略

一、粮食安全战略的重要性

粮食安全离不开正确的国家粮食安全战略，而正确的粮食安全战略源于对国情的深刻把握和对世界发展大势的深刻洞悉。我国粮食安全新战略发轫于2013年，习近平总书记在中央农村工作会议上首次对新时期粮食安全战略进行了系统阐述。他强调粮食安全的极端重要性，告诫"要牢记历史，在吃饭问题上不能得健忘症，不能好了伤疤忘了疼"[①]。

在"十四五"规划中，我国首次将粮食综合生产能力作为安全保障类约束性指标，在经济社会发展主要指标中予以明确。同时，规划还首次明确国家制定《中华人民共和国粮食安全保障法》，用法律手段强制性保障国家粮食安全。

粮食安全包括三层含义：粮食数量充足、粮食价格平稳和粮食质量安全，即满足人们对粮食消费量的需求、购买的需求、能够食用安全放心粮食的需求。

（一）粮食安全是维护国家安全的重要基石

粮食安全与能源安全、金融安全是经济安全的重要方面，是国家安全的重要基础。我国拥有14亿多人口，如果粮食安全出了问题，一切无从谈起。只有确保谷物基本自给、口粮绝对安全，把饭碗牢牢端在自己手中，社会才能保持稳定。

（二）粮食安全是增进民生福祉的重要保障

粮食是人民群众最基本的生活资料。粮食充足，则市场稳定、人心安定。高水平、可持续的粮食安全保障体系，不仅可以"为食者造福"，让城乡居民"吃得安全""吃得健康"；也可以"为耕者谋利"，增加种粮农民收入；还可以"为业者护航"，促进粮食产业创新发展、转型升级、提质增效，不断增强人民群众的获得感、幸福感、安全感。

（三）粮食安全是应对风险挑战的重要支撑

粮安天下。我国粮食连年丰收，稻谷、小麦连续多年产大于需，口粮库存能满足 1 年以上的市场需求；日应急加工能力约 19 亿斤，按每人每天 1 斤粮计算，仅粮食应急加工企业的日加工能力就够全国人民吃 1 天多。充足的储备和库存、强大的应急加工能力，确保了我国粮食市场供应量足价稳，为应对各种风险挑战赢得了主动权。

二、粮食安全战略的方针及主要内容

《中华人民共和国国民经济和社会发展第十四个五年规划和 2035 年远景目标纲要》强调"强化国家经济安全保障"，其中包括实施粮食安全战略、实施能源资源安全战略、实施金融

[①] 中国共产党新闻网：《全方位夯实粮食安全根基，确保中国人的饭碗牢牢端在自己手中——学习〈习近平关于国家粮食安全论述摘编〉》，2023 年 7 月 13 日，http://cpc.people.com.cn/n1/2023/0713/c64387-40034660.html。

安全战略。把粮食安全视为国家安全的重要组成部分，粮食安全的重要性进一步凸显。

目前，国家实施"以我为主、立足国内、确保产能、适度进口、科技支撑"的粮食安全战略。

（一）以我为主

"以我为主"是前提。在粮食问题上，我国一直把自力更生、独立自主视为解决粮食问题的主基调，始终注重牢牢掌握粮食问题的主动权。习近平总书记多次强调，"中国人的饭碗任何时候都要牢牢端在自己手中，饭碗主要装中国粮"[1]。我国是人口大国，依靠国际市场解决吃饭问题，既不现实也不可能。一个国家只有实现粮食基本自给，才能掌握粮食安全主动权，进而才能掌控经济社会发展大局。只有做到手中有粮，才能确保心中不慌。

（二）立足国内

"立足国内"是基础。我们要从自己的国情粮情出发，保护耕地、改良生态、提高农业科技水平、大力发展现代粮食流通产业，着眼于从全产业链来提高粮食产量，提高粮食产业现代化水平，夯实粮食安全的基础。

（三）确保产能

"确保产能"是重点。作为战略而言最根本的是要谋远谋深，作为一个14亿人口的大国，随着人口的增长与经济社会的发展，粮食的消费从数量与质量上都会有新的刚性要求。因此，从长远上看，对我国粮食产能做好规划是一项重点工作，要保证我国粮食持续增产的物质基础与制度设计。

（四）适度进口

"适度进口"是手段。在保障谷物基本自给、口粮绝对安全的前提下，合理利用国际市场调剂粮食品种余缺也有必要，甚至是一种节约资源和降低成本的合理选择。

（五）科技支撑

"科技支撑"是关键。粮食产量的持续增长，粮食安全的切实保障，现代粮食流通产业的发展，农业现代化的推进，归根到底都要依靠科技进步与创新，科技的支撑与引领是实施整个战略的关键环节。

---

[1] 中国青年报：《中国人的饭碗要牢牢端在自己手中，饭碗主要装中国粮》，2021年12月27日，https://baijiahao.baidu.com/s?id=1720248570454921177&wfr=spider&for=pc。

三、保障粮食安全的主要措施

（一）稳步提升粮食生产能力

1. 严守耕地保护红线

实施全国土地利用总体规划，从严管控各项建设占用耕地特别是优质耕地，健全建设用地"增存挂钩"机制，实行耕地占补平衡政策，严守耕地红线。全面落实永久基本农田保护制度。

2. 提升耕地质量，保护生态环境

实施全国高标准农田建设总体规划，推进耕地数量、质量、生态"三位一体"保护，改造中低产田，建设集中连片、旱涝保收、稳产高产、生态友好的高标准农田。实行测土配方施肥，推广秸秆还田、绿肥种植、增施有机肥、地力培肥土壤改良等综合配套技术，稳步提升耕地质量。实施耕地休养生息规划，开展耕地轮作休耕制度试点。持续控制化肥、农药施用量，逐步消除面源污染，保护生态环境。

3. 建立粮食生产功能区和重要农产品生产保护区

以主体功能区规划和优势农产品布局规划为依托，以永久基本农田为基础，建立粮食生产功能区和重要农产品生产保护区。

4. 提高水资源利用效率

建设一批节水供水重大水利工程，开发种类齐全、系列配套、性能可靠的节水灌溉技术和产品，大力普及管灌、喷灌、微灌等节水灌溉技术，加大水肥一体化等节水推广力度。加快灌区续建配套与现代化高效节水改造，推进小型农田水利设施达标提质，实现农业生产水资源科学高效利用。

（二）保护和调动粮食种植积极性

1. 保障种粮农民收益

调整完善粮食价格形成机制和农业支持保护政策，通过实施耕地地力保护补贴和农机具购置补贴等措施，提高农民抵御自然风险和市场风险的能力，保障种粮基本收益，调动农民种粮积极性，确保农业可持续发展。

2. 完善生产经营方式

巩固农村基本经营制度，坚持以家庭承包经营为基础、统分结合的双层经营体制，调动农民粮食生产积极性。着力培育新型农业经营主体和社会化服务组织，促进适度规模经营，把小农户引入现代农业发展轨道，逐步形成以家庭经营为基础、合作与联合为纽带、社会化服务为支撑的立体式复合型农业经营体系。

（三）创新粮食市场体系

1. 积极构建多元市场主体格局

深化国有粮食企业改革，鼓励发展混合所有制经济，促进国有粮食企业跨区域整合，打造骨干粮食企业集团。推动粮食产业转型升级，培育大型跨国粮食集团，支持中小粮食企业发展，促进形成公平竞争的市场环境。积极引导多元主体入市，市场化收购比重不断提高，粮食收购主体多元化格局逐步形成。

2. 健全完善粮食交易体系

搭建规范统一的国家粮食电子交易平台，形成以国家粮食电子交易平台为中心、省级粮食交易平台为支撑的国家粮食交易体系。

3. 稳步提升粮食市场服务水平

积极引导各地发展多种粮食零售方式，完善城乡"放心粮油"供应网络，发展粮食电子商务和新型零售业态。搭建粮食产销合作平台，鼓励产销区加强政府层面战略合作。

（四）健全国家宏观调控

1. 注重规划引领

编制《中华人民共和国国民经济和社会发展第十三个五年规划纲要》《国家粮食安全中长期规划纲要（2008—2020年）》《全国新增1000亿斤粮食生产能力规划（2009—2020年）》《中国食物与营养发展纲要（2014—2020年）》《全国农业可持续发展规划（2015—2030年）》《全国国土规划纲要（2016—2030年）》《乡村振兴战略规划（2018—2022年）》《粮食行业"十三五"发展规划纲要》等一系列发展规划，从不同层面制定目标、明确措施，引领农业现代化、粮食产业以及食物营养的发展方向，多维度维护国家粮食安全。

2. 深化粮食收储制度和价格形成机制改革

为保护农民种粮积极性，促进农民就业增收，防止出现"谷贱伤农"和"卖粮难"，在特定时段、按照特定价格、对特定区域的特定粮食品种，先后实施了最低收购价收购、国家临时收储等政策性收购举措。

3. 发挥粮食储备重要作用

合理确定中央和地方储备功能定位，中央储备粮主要用于全国范围守底线、应大灾、稳预期；地方储备粮主要用于区域市场保应急、稳粮价、保供应。

（五）大力发展粮食产业经济

1. 加快推动粮食产业转型升级

紧紧围绕"粮头食尾""农头工尾"，充分发挥加工企业的引擎带动作用，延伸粮食产业链，提升价值链，打造供应链，统筹建好示范市县、产业园区、骨干企业和优质粮食工程"四大载体"，在更高层次上提升国家粮食安全保障水平。

2. 积极发展粮食精深加工转化

增加专用米、专用粉、专用油、功能性淀粉糖、功能性蛋白等食品有效供给，促进居民膳食多元化。顺应饲料用粮需求快速增长趋势，积极发展饲料加工和转化，推动畜禽养殖发展，满足居民对肉蛋奶等的营养需求。

3. 深入实施优质粮食工程

建立专业化的粮食产后服务中心，为种粮农民提供清理、干燥、储存、加工、销售等服务。

（六）全面建立粮食科技创新体系

1. 强化粮食生产科技支撑

深入推进玉米、大豆、水稻、小麦国家良种重大科研联合攻关，大力培育推广优良品种。

2. 推广应用农业科技

推动科学施肥、节水灌溉、绿色防控等技术大面积推广。

3. 提升粮食储运科技水平

攻克一系列粮食储藏保鲜保质、虫霉防治和减损降耗关键技术难题，系统性解决"北粮南运"散粮集装箱运输成套应用技术难题。

（七）强化依法管理

1. 完善粮食安全保障法律法规

推进粮食安全保障立法，颁布和修订实施《中华人民共和国农业法》《中华人民共和国土地管理法》《中华人民共和国土壤污染防治法》《中华人民共和国水土保持法》《中华人民共和国农村土地承包法》《中华人民共和国农业技术推广法》《中华人民共和国农业机械化促进法》《中华人民共和国种子法》《中华人民共和国农产品质量安全法》《中华人民共和国进出境动植物检疫法》《中华人民共和国农民专业合作社法》《基本农田保护条例》《土地复垦条例》《农药管理条例》《植物检疫条例》《粮食流通管理条例》等法律法规。

2. 落实粮食安全省长责任制

2014年年底，国务院出台《关于建立健全粮食安全省长责任制的若干意见》，从生产、流通、消费等各个环节明确各省级政府在维护国家粮食安全方面的事权与责任。

3. 深化粮食"放管服"改革

持续推进简政放权、放管结合、优化服务，切实强化市场意识和法治思维，牢固树立依法管粮、依法治粮意识，依法推进"双随机"监管机制及涉粮事项向社会公开。完善粮食库存检查方式方法和质量安全监管制度，构建粮油安全储存责任体系和行为准则，确保粮食库存数量真实、质量良好、储存安全。建立以信用监管为基础的新型监管机制，维护正常的粮食流通秩序。

第三节　现代农业产业化发展

一、现代农业产业化发展意义及特征

(一) 现代农业产业化发展意义

现代农业产业化是用现代企业与市场管理的理念和方法来实现农业的现代化生产及经营，其核心要义是实现由传统农业向现代农业的转变，通过农业生产经营结构的调整、农业产业链的横向纵向延伸、农产品附加值的提高，促进农业增产、农民增收、农村繁荣。现代农业产业化经营是把分散经营的一家一户组织起来，围绕由市场需求和当地资源优势决定的主导产品，建立市场牵龙头、龙头带基地、基地连农户，实行区域化布局、专业化生产、一体化经营、社会化服务、企业化管理的"龙形"生产经营体系。现代农业产业化的重要现实意义包括以下五个方面：

1. 推动农业和农村经济结构战略性调整

利用现代农业产业化的发展模式，着重凸显其市场化特征，可以在农业生产者、经营者之间建立起一种产销关系，搭建起高效完善的农业生产经济链，以此转变传统的农业经济发展模式，从而让更多的农户以市场发展实际需求为基础，开展规模化、专业化和集约化的生产，这样就避免了散户出现盲目性的经营，能更好地对农村的整体经济结构进行调整和优化。

2. 提升农民的收入水平

要实现农民的收入不断增长，需调整农业产业结构，减轻农民负担，实现农业产业化经营，拓展农村农产品的销售渠道，提高农民的初级农产品收入。另外，通过农产品的多次加工增值还可以提升农业的附加值和综合效益，也可以借助于龙头企业的优势来对收购进行保价，从不同的方面来提高农民的收入水平。

3. 提高农业国际竞争力

在国际环境不断变化的过程中，我国农村经济发展和农业产业化发展所面对的环境也在不断发生变化，不稳定性因素越来越多，农业所面临的国际市场开放性更强，竞争压力越来越大，农业发展面临的挑战也越来越多。因此，农村经济和农业产业化的良性发展需要不断提高质量效益，需要培养更多有竞争力的农业经营主体，需要将农村分散的农户主体聚集起来，加快分散性的小农经济向现代化大规模农业转变发展。现代农业产业化的发展优势就是将农村经营主体聚集起来，形成一个强大的发展主体，从而提升农户经营主体的国际市场竞争力。

4. 推动农村第一、二、三产业融合发展

现代农业产业化的发展主要是把农业生产、加工、销售、贸易等相关的农业服务项目进行汇总，为农村第二、三产业的发展创造更好的发展环境和条件，对农村产业结构进行调整

和完善，将农村剩余的劳动力进行转移，为新型城镇化和城乡一体化发展奠定更好的基础，也为农村地区的第一、二、三产业共同发展奠定更好的发展基础。

5. 实现农业可持续性发展

现代农业产业化发展为农产品的专业化、规模化和区域化发展创造了更好的条件和环境，同时也有利于对农业资源进行充分利用和保护。与此同时，现代农业产业化发展利用中介组织将农户和市场联系起来，为农户经营预期的稳定性也提供了保障，可使农户对于农业投入、自身农业专业素养的提升、农业资源的充分利用等越发重视，从而让农业的发展更加科学、健康、可持续。

（二）现代农业产业化发展特征

现代农业产业化是实现价值链优化升级的过程，也是整合供应链各个环节关系的过程。它可以有效抵御风险，着力提升供应链的供应水平和能力，逐步提升与世界市场和高端市场的有效对接能力。现代农业产业化经营模式主要具有以下特征：

1. 市场化

市场导向是产业化进程中必须要贯彻到底的原则，所有的商品交易和其他贸易发展都要以市场需求为导向。现代农业产业化的经营以国内外市场为导向，改变传统小农经济自给自足、自我服务的封闭式状态，根据市场特点重新配置资源和生产要素，在国内和国际市场中具有主要竞争力。

2. 区域化

现代农业产业化的农副产品生产，在充分发挥本地区资源禀赋的基础上，着重开发优势农业和特色农业。在一定区域内，建立龙头产业，相对集中连片，形成比较稳定的区域化生产基地，这种集中型的产业布局模式有着较稳定的生产结构和管理模式，能够打造区域产品优势和市场优势。

3. 专业化

现代农业产业化经营要求提高劳动生产率、土地生产率、资源利用率及农产品商品率等，只有专业化才能投入全部精力围绕某种商品生产，形成种养加、产供销、服务网络为一体的专业化生产系列，做到每个环节的专业化与产业一体化相结合，使每一种产品都将原料、初级产品、中间产品制作成为最终产品，以形成商品品牌的形式进入市场，从而有利于提高产业链的整体效率和经济效益。

4. 标准化

消费者对食品安全、营养、口感等要求日益提高，推动标准化生产、标准化管理制度与流程已成为现代农业产业化发展趋势。

5. 规模化

分散经营的弊端已被重视，规模化经营是现代农业产业化的必要条件，其生产基地和加工企业只有具备一定的规模，才能达到产业化的标准，才能增强辐射力、带动力和竞争力，提高规模效益。

6. 一体化

现代农业产业化是从经营方式上把农业生产的产前、产中、产后诸环节有机地结合起来，实行农业生产、农产品加工和商品贸易的一体化经营。

7. 集约化

现代农业产业化的生产经营活动符合科技含量高、资源综合利用率高、效益高的要求，用最少的资源或投入换取最大回报。

8. 社会化

现代农业产业化经营将围绕农业产销各环节的技术服务、信息化服务、金融服务等社会化服务全面展开，对一体化的各组成部分提供产前、产中、产后的信息、技术、资金、物资、经营、管理等全程服务，促进各生产经营要素直接、紧密、有效地结合。

二、现代农业三大支柱体系的构建

产业体系、生产体系、经营体系是现代农业体系的三大支柱。产业体系和生产体系的关键是提升农业生产力水平和生产效率，而经营体系的关键则在于创新农业经营模式。

（一）构建现代农业产业体系

构建现代农业产业体系主要是对农业产业结构进行优化调整，发展壮大新产业、新业态，打造农业全产业链，促进种植业、畜牧业、农产品加工流通业、农业服务业转型升级和融合发展，从而提高农业产业的整体竞争力，提高农业资源在空间和时间上的配置效率。

（二）构建现代农业生产体系

构建现代农业生产体系主要是用现代物质装备武装农业，用现代科学技术服务农业，用现代生产方式改造农业，将先进的科学技术与生产过程结合起来，从而提高农业良种化、机械化、科技化、信息化水平，增强生产能力。

（三）构建现代农业经营体系

构建现代农业经营体系主要是发展多种形式适度规模经营，构建现代农业经营体系，大力培育新型职业农民和新型经营主体，健全农业社会化服务体系，从而提高农业经营集约化、组织化、规模化、社会化、产业化水平。

三、现代农业经营主体的发展

现代农业经营主体又称新型农业经营主体，是指在完善家庭联产承包责任制度的基础上，有文化、懂技术、会经营的职业农民和具有大规模经营、较高集约化程度和市场竞争力的农业经营组织。主要包括专业大户、家庭农场、农民专业合作社、农业产业化龙头企业以及其他经营性农业社会化服务组织。加快推动新型农业经营主体高质量发展，有利于完善基础制度、加强能力建设、深化对接服务、健全指导体系，全面推进乡村振兴、加快农业农村现代化。

（一）新型农业经营主体的类型

新型农业经营主体的类型主要分为五种，即专业大户、家庭农场、农民专业合作社、农业产业化龙头企业和农业经营性服务组织。

1. 专业大户

专业大户是在农业现代化的大背景下从传统的小农家庭中，由于资金、技术和经验的长期累积以及土地的流转而逐渐发展而来的新型农业经营主体。其特点如下：一是经营主体依然是家庭农户；二是承包的土地面积大、产值高，具体包括种养大户、农机大户等。它是介于传统小农家庭经营与现代家庭农场之间的一个发展阶段，是农业现代化的一个初级形式。

2. 家庭农场

家庭农场指依托于家庭组织，为追求农业经营利润，以家庭成员为生产主体，从事农业规模化、集约化和商品化生产经营，并以农业收入为家庭主要收入来源，以市场为导向，以经济利益为中心，在市场监管部门进行登记注册的一种新型农业经营主体。这种模式集专业化的农产品生产、加工、流通、销售为一体，可以涵盖第一、二、三产业。例如一户人家既种植了大规模的土地，又开办了农产品加工厂，还从事乡村旅游或者经营农家乐等。其特点是商品化水平较高，生产技术和装备较为先进，规模化和专业化程度较高，生产效率也较高。

3. 农民专业合作社

农民专业合作社是在农村家庭承包经营的基础上，农户之间通过土地、劳动力、资金、技术或者其他生产资料采取一定合作方式的经营联合体。这种模式是互助性质的农业生产经营组织，其规模更大、专业化水平更高，与市场的结合程度也更高，是农民自愿组织起来的联合经营体，采取"抱团取暖"的经营模式。其特点是分工明确，从生产、加工到销售都由专门的团队负责，其生产效率也因此得到提高。

4. 农业产业化龙头企业

农业产业化龙头企业所经营的内容，可以涵盖整个产业链条，其农产品的种植与加工、仓储、物流运输、销售甚至科研组织化程度和专业化都比较高，通常与农户的合作社模式主要有"企业+基地+农户""企业+专业合作社+基地+农户"等。在实现自身发展的同时，也能带动农户的发展，甚至能带动一个区域的特色农产品的发展。

5. 农业经营性服务组织

农业经营性服务组织是在产前、产中和产后各环节为农业生产提供专业化、市场化服务的经济组织，包括专业服务公司、专业服务队、农民经纪人等。

（二）培育壮大新型农业经营主体

家庭农场、农民合作社、农业社会化服务组织等各类新型农业经营主体迅速壮大，已逐步成为保障农业稳产增产、带动农民稳定增收、推动实施乡村振兴战略的重要力量。培育新型农业经营主体是构建现代农业经营体系的核心任务。

1. 支持多元融合发展

（1）发展规模适度的家庭农场和种养大户

鼓励普通农户和各类新型农业经营主体以土地、林权、资金、劳动、技术、产品等为纽带，开展多种形式的合作与联合。

（2）发展农业企业和农民合作社

积极发展生产、供销、信用"三位一体"综合合作，依法组建专业合作社、综合经营性合作社和农民合作社联合社。支持农业企业和农民合作社开展农产品生产、加工、流通和社会化服务，带动农户发展规模经营。

（3）培育多元化农业服务主体

建立农技指导、信用评价、保险推广、产品营销于一体的公益性、综合性农业公共服务组织。发展农机作业、统防统治、智能催芽、集中育秧、加工储存等生产性服务组织。通过重组、并购等形式做大、做强各类新型农业经营主体，促进融合发展，培育和发展农民合作社联合社、农业产业化联合体，建立农业类产业协会。

2. 开展多种经营活动

（1）打响品牌效应

龙头企业、农业产业化联合体和农民合作社联合社要积极打造品牌和开拓市场。新型农业经营主体主动参加"全国知名品牌示范区"创建和全国品牌价值测算，结合地理标识培育大品牌，提高产品知名度。

（2）实施多种营销方式

新型农业经营主体带动农户开展众筹、拍卖、个人或集团订制、"农民+品牌企业"、农商对接、农批零对接、农超对接、连锁经营、物流配送、农业物联网和网上交易等现代营销模式，在城市社区设立直销店、专卖店和体验店。

（3）建立电商平台

将使用外地电商平台与建好本地电商平台相结合，推进电子商务进农村综合示范工作，鼓励符合条件的新型农业经营主体免费入驻电子商务平台。对新型农业经营主体申请并获得专利、中国驰名商标、中国名牌农产品、省政府质量奖和"三品一标"认证等给予适当奖励。落实鲜活农产品运输绿色通道、免征蔬菜流通环节增值税和支持批发市场（销售中心）建设等政策。

（4）构建冷链物流体系

推进农产品冷链物流体系建设，开展农产品冷链流通标准化示范试点工作。实施"互联网+"现代农业行动，加快建设"互联网+"高标准示范基地。

（5）促进信息技术应用

建立农业信息监测分析预警体系，为新型农业经营主体提供市场信息服务。推进气象信息进村入户，强化对新型农业经营主体的"直通式"气象服务。组织开展农民手机应用技能培训，提高新型农业经营主体和农民发展生产的能力。

3. 创新利益联结机制

（1）建立利益联结机制

新型农业经营主体通过发展新产业、新业态，扩大就业容量，吸纳带动农户增收，提升综合竞争力，建立订单带动、利润返还、股份合作等新型农业经营主体与农户的利益联结机制。

（2）推进土地经营权入股

农民可以以土地经营权、集体以资产（资源）、财政以扶贫和项目资金作为村集体或农户的股金入股新型农业经营主体。新型农业经营主体以土地经营权或资金入股等形式，组建农民合作社联合社、农业产业化联合体。

（3）实施产业融合发展

推广"农民+合作社+企业"等模式，实现第一、二、三产业融合发展，运用"保底收益+按股分红"和"风险共担、利益共享"的联结机制，使农民享受产业链延伸和价值链提升所带来的红利。

（4）设立风险保障金

龙头企业与农户共同设立风险保障金，农民合作社和联合社依法提取公积金。财政资金特别是扶贫资金被量化到农村集体经济组织和农户后，农户以自愿入股方式投入新型农业经营主体，共享发展收益。当前新型农业经营主体带动农户数量和成效已成为相关财政支农项目审批、验收的重要参考依据。

4. 发展多种形式规模经营

（1）健全土地经营权流转市场

健全土地经营权流转市场，建设土地经营权流转服务大厅、农村产权交易市场和信息网络服务平台，新型农业经营主体按照依法、自愿、有偿原则，通过流转土地经营权，发展适度规模连片经营，带动普通农户连片种植、规模饲养，并提供专业服务和生产托管等全程化服务，提升农业服务规模水平。

（2）走集群发展的道路

新型农业经营主体坚持集群集聚发展，主动参与粮食生产功能区、重要农产品生产保护区、特色农产品优势区，现代农业产业园、农业科技园、创业园，以及集循环农业、创意农业、农事体验于一体的田园综合体等建设，通过股份合作等多种形式创新创业，促进农业区域化布局、规模化生产、集约化发展。

（3）提高产业整体规模效益

新型农业经营主体通过建设形成一批"一村一品、一县一业"等特色优势产业和乡村旅游基地，提高产业整体规模效益。

5. 健全规范发展机制

（1）推动标准化生产

提升农户家庭农场标准化生产和经营管理水平，规范生产记录和财务收支记录。

（2）推行规范化建设

推行农民合作社规范化建设，如建立完备的成员账户、实行社务公开、依法进行盈余分配、加强民主管理和监督等。

（3）建立现代企业制度

农业企业通过兼并重组，建立现代企业制度，加大科技创新，优化产品结构，强化品牌建设，提升农产品质量安全水平和市场竞争力。各类社会化服务组织按照生产作业标准或服务标准，提高服务质量水平。深入推进农业产业化示范基地、农业示范服务组织、"一村一品"示范村镇创建，发挥示范带动作用。

第四节　现代农业新业态

一、数字农业

数字农业是指将遥感、地理信息系统、全球定位系统、计算机技术、通信和网络技术、自动化技术等高新技术与地理学、农学、生态学、植物生理学、土壤学等基础学科有机地结合起来，实现在农业生产过程中对农作物、土壤从宏观到微观的实时监测，以实现对农作物生长、发育状况、病虫害、水肥状况以及相应的环境进行定期信息获取，生成动态空间信息系统，对农业生产中的现象、过程进行模拟，达到合理利用农业资源、降低生产成本、改善生态环境、提高农作物产品和质量的目的。

（一）数字农业的主要特征

一是农业生产智能化。利用信息技术，打通农业资源、环境、生产和管理数据，对各类信息进行整合分析，通过持续的数据积累和人工智能的应用，以数据指导生产运营，实现全程的无人化操作和智能化管理。利用智能化专家系统，准确地进行灌溉、施肥、喷洒农药，最大限度地优化农业投入，在保质保量的同时，保护土地资源和生态环境。

二是农业管理高效化。以大数据技术为依托，对各类资源及农业生产完成情况等内容进行统筹，建立完善的电子政务服务平台，提升农业生产过程管理的效率和实时性，实现农业管理的高效性、精准化、透明化。

三是农业经营网络化。互联网技术为农资产品、农副产品销售搭建全新的交易平台，销售范围扩展至全国甚至全球，拉近了交易的时空距离，形成了扁平化交易网络，带动了支付、物流等配套设施的成熟，增强了农业信息、资金、物流各方面的协同效应，促成了生产和消费的有效对接，使农产品的市场流通变得高效、便捷。

四是农业服务便捷化。各类农业门户网站、农业信息平台等现代技术手段为农业信息服务和技术指导提供了更加便捷、即时的传播手段和渠道，有利于更好地解决农户在农业种植、加工、经营过程中遇到的问题。

（二）数字农业的组成

数字农业是一个集合概念，3S 技术［3S 即地理信息系统（GIS）、遥感系统（RS）、全球定位系统（GPS）］是数字农业的主要技术支撑。随着数字农业的不断深入研究和技术体系的不断完善，数字农业的内涵及其组成也已得到了很大拓展。目前，数字农业主要包含以下 4 个主要部分。

1. 农业物联网

农业物联网本质上是一套数控系统，是在一个特定的封闭系统内，以探头、传感器、摄像头等设备为基础的物物相联，根据已经确定的参数和模型对所采集的数据进行分析处理，并形成一定的指令返回生产单元，进而实现自动化调控和操作的系统。它主要应用于设施农业生产过程的管理和操作，也用于农产品的加工、仓储和物流管理。

2. 农业大数据

农业大数据实质上是一个数据系统，在开放系统中收集、鉴别、标识数据，并建立数据库，通过参数、模型和算法来组合和优化多维农业相关数据信息，为生产操作和经营决策提供依据，并实现部分自动化控制和操作。农业大数据主要用于农业生产和农业全产业链的操作与经营。

3. 精准农业

精准农业是建立在农机硬件基础上的执行和操作系统，主要是以农机的单机硬件为基础，配以探测设备和智能化的控制软件，以实现精准操作，包括农业生产过程中播种、施肥、喷药等变量控制。精准农业强调的是（单体）设备和设施操作的精准及智能化控制，是"硬件+软件"的有效组合。

4. 智慧农业

智慧农业是建立在经验模型基础之上的专家决策系统，其核心是软件系统。智慧农业强调的是智能化的决策系统，配之以多种多样的硬件设施和设备，是"系统+硬件"的高效组合，在农业物联网和农业大数据领域中有广泛的应用。

（三）数字农业在我国的推广和应用

数字农业能通过农业要素配置、生产管理、农业产业的衔接与融合，推进农业经营科学决策。数字农业建设对我国农业农村发展和农业现代化建设具有重要意义：

一是实现精细化管理，可以保障资源节约和产品安全；二是实现高效化利用，可以提高农业效率，提升农业竞争力；三是实现绿色发展，可以推动资源永续利用和农业可持续发展。我国数字农业主要在以下几个方面得到了大面积推广与应用：

1. 大田种植领域

以物联网测控、遥感监测、智能化精准作业和基于北斗系统的农机物联网等技术集成与推广为基础的数字农业在大田种植领域得到了广泛应用。

2. 设施种植领域

种植环境监测和智能控制、智能催芽育苗、水肥一体化智能灌溉、果蔬产品智能分级分选等技术在园艺作物（特别是设施园艺作物）栽培上得到了广泛的应用。

3. 畜禽养殖领域

通过数字化养殖技术集成可实现养殖环境监控、畜禽体征监测、精准饲喂、挤奶拣蛋、废弃物处理、网络联合选育等自动化和智能化管理。

4. 水产养殖领域

① 通过配置水质检测、气象站、视频监控等监测设备建立在线环境监测系统，可实现大气和水体环境的实时监控；② 通过信息化改造和便携式生产移动管理终端控制，可实现水产养殖的机械化、自动化、智能化；③ 通过建立鱼病远程诊断系统和质量安全可追溯系统，可实现品质与药物残留检测、病害检测等智能化和全程可视化。

二、智能农业

智能农业（或称工厂化农业），是指在相对可控的环境条件下，采用工业化生产，实现集约、高效、可持续发展的现代超前农业生产方式，即农业先进设施与陆地相配套、具有高度的技术规范和高效益的集约化规模经营的生产方式。

（一）智能农业的特点

智能农业以现代的信息技术和先进的农业技术有机结合为基础，实现了农业生产的数字化、智能化、个性化、安全化和共享化，可在有效减少投入的同时提升农业产能。

1. 农业生产要素数字化、网络化、在线化

智能农业利用先进传感、遥感及机器视觉等感知技术对农业生产土壤、空气、水质等环境信息及种植或养殖对象的生长信息进行采集、分析，具有极高的精确性，并通过物联网、互联网、无线通信等网络技术实现了农业生产环境要素的数字化和远程数字化信息调度。

2. 农业生产过程调控与决策云计算化、智能化

智能农业充分利用信息化农业要素信息，充分利用大数据、人工智能及农业云计算平台对数据进行加工处理，形成最优化的农业动植物生长调控模型，并运用现代化智能控制技术实现远程的自动化农事操作，极大地提升了生产效率。智能农业的应用有助于推进现代农业的集约化和规模化发展，实现工厂化生产，进而获得更高的农业生产价值。

3. 农业全环节、全过程、全链条协同化

智能农业借助农业云计算平台，有针对性地对农业生产要素进行有机组合和系统调控，从而实现个性化生产，并将分散的农业生产系统、物流系统、交易系统和消费系统连成一个有机整体，推进农业生产、经营、管理、消费等各环节的协同与优化；实现了农业生产全过程、全链条的有效衔接；在降低生产成本的同时，也提升了农业抵御自然风险和市场风险的能力，实现了农业生产社会效益和经济效益的有效融合。

4. 农业管理信用化、安全化

安全溯源是智能农业的一项重点工作内容。智能农业运用区块链技术将农业生产、流通、交易、消费等环节的数据共享，实现农产品从田间到餐桌的全程溯源，促进了农业的规范化和标准化生产，也保证了农产品的品质安全，使农业管理的信用化、安全化得以有效实施。

（二）智能农业的应用

基于物联网的智能农业可用于大中型农业种植、设施园艺、畜禽水产养殖和农产品物流。智能农业在农业生产过程、经营管理及科学研究与技术开发等方面得到了广泛应用。

1. 在农业生产模式创新上的应用

人工智能技术在农业领域的应用主要是从传统农业的粗放管理向现代农业的精细管理转变，在精准农业、精准养殖和设施农业三个方面发挥了重要的作用。

2. 在农业经营网络体系优化上的应用

经营与销售模式的改变是智能农业体系成熟的另一个重要标志。智能农业系统的大数据平台为农业生产主体和供应商获得市场需求信息提供了便利条件；通过平台智能运算，生产者可通过供给侧结构性改革调整生产布局、改进农产品品质。智能仓储、运输系统为农产品的分级、储运提供了可靠的运行模式，降低了管理成本，提高了仓储和运转能力。

3. 在农业管理和服务思维更新上的应用

智能农业的发展与大规模的推广，改变了农业管理服务思维，拓宽了农业生产社会化服务机制。

三、绿色农业

（一）绿色农业的内涵

绿色农业是指将农业生产和环境保护协调起来，在促进农业发展、增加农户收入的同时保护环境、保证农产品的绿色无污染的农业发展类型。

（二）绿色农业的特点

1. 开放兼容性

绿色农业既充分利用人类文明进步特别是科技发展的一切优秀成果，依靠科技进步、物质投入等提高农产品的综合生产能力，又重视农产品的品质和卫生安全，以满足人类对农产

品的数量和质量要求,体现了开放兼容的特点。

2. 持续安全性

持续安全即在合理使用工业投入品的前提下,注意利用植物、动物和微生物之间的生物系统中能量的自然流动和循环转移,把能量转化和物质循环过程中的损失降低到最低程度,重视资源的可持续利用和保护,并维持良好的生态环境,做到可持续发展。

3. 全面高效性

全面高效即绿色农业发展的社会效益、经济效益和生态效益的高度有机统一。绿色农业既注重合理开发利用资源、保护生态环境,注重保障人类食物安全,也注重发展农业经济,特别关注推动发展中国家农业和农村经济的全面发展。

4. 规范标准化

规范标准即绿色农业鲜明地提出农业生产要实行标准化全程控制与管理,而且特别强调绿色农业发展的终端产品——绿色农业产品的标准化,通过绿色农业产品的标准化来提高产品的形象和价格,规范市场秩序,实现"优质优价",并提高绿色农业产品的国际竞争力。

本章小结

实施乡村振兴战略具有重大现实意义和深远历史意义,按照"产业兴旺、生态宜居、乡风文明、治理有效、生活富裕"的总体要求,分"三步走"实施战略。粮食是关系国计民生的重要战略资源,提升粮食安全保障水平,为乡村全面振兴奠定坚实基础。我国实施"以我为主、立足国内、确保产能、适度进口、科技支撑"的粮食安全战略,要从七个方面保障国家粮食安全。现代农业体系的三大支柱是产业体系、生产体系、经营体系。产业体系和生产体系的关键是提升农业生产力水平和生产效率,而经营体系的关键则在于创新农业经营模式,因此,要加快推动新型农业经营主体高质量发展。而现代农业呈现数字农业、智能农业和绿色农业等新业态。

复习思考

① 乡村振兴战略的总要求包括哪些?
② 粮食安全战略的主要内容包括哪些方面?
③ 保障粮食安全的主要措施有哪些?
④ 现代农业产业化发展的特征是什么?
⑤ 数字农业的主要特征包括哪些?
⑥ 什么是绿色农业?

第二章 农业经理人职业素养

学习目标：

1. 知识目标
   - 掌握农业经理人的岗位职责
   - 了解农业经理人的职业道德内涵

2. 技能目标
   - 学会加强农业经理人职业道德建设
   - 能正确区分农业经理人的职业意识和职业道德

3. 素养目标
   - 树立农业经理人的职业意识
   - 养成农业经理人的职业心态

第一节 农业经理人职业认知

一、农业经理人岗位职责

2020年，人力资源社会保障部发布《国家职业技能标准 农业经理人》，明确提出农业经理人是在农民专业合作社等农业经济合作组织中，从事农业生产组织、设备作业、技术支持、产品加工与销售等管理服务的人员。①可以说，农业经理人是农业领域的职业经理人，他们在为农民专业合作社、农业企业等农业经济组织谋求最大经济效益的同时，以工资或红利的形式获取劳动报酬。

农业经理人岗位职责：

① 搜集和分析农产品供求、客户需求数据等信息；
② 编制生产、服务经营方案和作业计划；
③ 调度生产、服务人员，安排生产或服务项目；
④ 指导生产、服务人员执行作业标准；
⑤ 疏通营销渠道，维护客户关系；

---

① 《农业经理人》国家职业技能标准（职业编码：5-05-01-02）。

⑥ 组织产品加工、运输、营销；
⑦ 评估生产、服务绩效，争取资金支持。

二、农业经理人基本素养要求

（一）制订计划

管理工作的第一步便是拟订计划。因此，作为农业经理人的首要任务便是能制订清晰有效的工作计划。不论是长期的战略规划，还是短期的计划，都需要应用到计划能力。其中的关键技巧是分辨三种不同类型的计划，即有特定目标的项目管理计划、例行工作的日常管理计划与处理问题的处置计划。制订计划的工具有目标树、SMART 法则、优先顺序排列法等。

（二）制定决策

农业经理人的职责便是做出决策与领导执行，计划与执行的过程有许多变量，必须慎重地进行决策。农业经理人要能倾听大多数人的意见，特别是来自生产和市场第一线的意见，倾听意见是避免错误决策最有效的方法。决策的技能包含前提假设、推论、信息收集、整理、分析、归纳的能力，以及逻辑推断、抗压、如何避开错误的系统思考等能力；工具上有矩阵法、决策树系统模型等。

（三）生产管理

农业经济组织中的生产管理，可以分为两大类：一类是周期性、经常性、例行性的，例如员工招聘、生产计划、农业生产技术、农产品检验等；另外一类是特殊性、非例行性的，例如建大棚、水肥一体化系统等。农业经理人必须先把握前一种任务，尽快制定自己的标准或使用相应标准，以利于组织正常运作；之后集中精力处理特殊性的任务。尤其是农业生产技术规程、技术管理要求、农产品质量要求等，这样就可以提高管理的效率。制定标准的具体技能是先判别需要标准化的项目，经过工作分析、作业研究，评估与制定合理标准，形成书面材料，以及培训材料等，用到的工具有流程图、管制图、检查表、分类法、动作研究等。

（四）组织实施

农业经理人不但是组织目标和工作思路的决策者，更是组织的实施者。因此，农业经理人必须要有较强的执行力，对于如何有效管控质量、成本、进度与服务水平，都有赖于农业经理人的高超技能。农业经理人要做出机构安排，完成科学的部门设置，为每个部门设计出部门职能，为每个部门充填岗位，为每个岗位写出一篇完整准确的岗位描述。管理要分层级，若管制太多，则处处绊手绊脚、士气低落、效率不高；若管制不足，则容易出现漏洞，提高成本，质量不保。对管理能力的考量主要有几方面：分辨该管与不该管的事，将事后处置提前为事前管理与事中管理，促进部属自主管理的意愿与能力，由外部控制逐渐演变为自我管理。工具方面需要运用 QC（质量控制）七大方法、新 QC（质量控制）七大方法、任务交叉法、看板管理等。

（五）绩效考核

农业经济组织中的员工期望自己的努力得到应有的鼓励与报酬，组织中的士气也易受到考核公正与否的极大影响，要让员工短期有好的表现，运用威胁与利诱都可以做到，但如果要建立持续的绩效，则需要有公正合理的考核办法与激励机制，才能促使人们愿意为未来而努力。绩效考核牵涉组织文化、组织形态、组织能力等，更要注意员工的需求满足层次，例如加薪初期很有效，但兴奋度与激励性都会逐渐减弱。绩效考核的技能包含从战略的高度打出关键绩效指标（KPI），将绩效指标转换成为员工行为标准，制定绩效标准与评价成果的面谈沟通技巧，绩效检讨与指导修正的能力，以及针对不同类型性格员工的激励策略，工具方面需要应用平衡考绩法、加权指数法、倾听技巧、观察法、咨询技巧等。

（六）沟通表达

人类文明的进展与沟通方式直接有关。近代电话、广播、电视、传真，以及互联网的发明，让信息的交流到达全球化、即时性的地步。因此，信息传播的质量与速度一定程度上影响了文明进步的程度。组织内部也是如此，擅长沟通的组织，进步速度较快，防范问题的能力也较高，文化的统一性较强。沟通方式分为书面以及口语两种：书面方式，包括营运计划书、备忘录、工作记录、调查报告、广告文案、产品说明书等；口语表达，包括发表演说、主持会议、记者采访、培训员工、销售说明、采购议价、商业谈判等。可以说农业经理人的主要任务就是不断地沟通。所以清晰、精准、有效的沟通表达能力，是每一位农业经理人的必备功夫。表达技能主要包括目的的确认、了解沟通对象、清晰的表达能力、修辞能力，以及声调、肢体语言和表情的搭配等。

（七）团队建设

农业经理人最重要的价值不是个人做事，而是建立一个目标集中、关系和谐互助、工作方法保持一致与适当弹性的团队，并领导和激励团队完成既定任务。团队建设的技能主要有建立共同愿景与目标的能力、调和与应用成员差异性的能力、制定共同规范、整合新进人员、从经验中学习、引导团队找寻正面方向、促进健康等。具体工作有：深度会谈、探询与维护、团队动力、问卷调查等。

（八）领导能力

21世纪是人才竞争激烈的世纪，领导人才是人才中的人才。新世纪的各种激烈竞争归根到底是人才的竞争，特别是各类领导人才的竞争。具备杰出的人际交往、战略规划和分析技能，以及进行团队建设和制定公司愿景的能力的领导人才，才是人才市场竞争的对象。如何使组织中形形色色的人有效地一起工作？如何促使部属从表面服从到真心奉献？如何使士气低落的人振作精神？如何使成功的人不因志得意满而停滞不前？这些都有赖于农业经理人的领导技能。领导技能主要是分辨部属的特性与现状，选择适当的领导风格，对情绪的认知、控制与调节能力、激励能力、塑造共识能力、坚定的信念与意志力。工具有分辨法、关系行为、指示行为、EQ（情商）调节、压力缓解、信念重塑等。

（九）培训能力

如今的组织不同于以往，无法靠一个人独步天下。组织要成功，便需要广纳人才。但是人才不是天生的，况且学校能教的有限，各个组织的差异性也很大，因此，能否有效培育组织所需的人才便成为重要的关键能力。现今的信息流通快速，经理人不教部属，部属在不久的将来也可以自己学到，但是经理人会丧失专业的领导力，部属会缺乏一份尊敬与信服。Acer集因（宏碁电脑生产企业）为迎接21世纪的竞争，在组织中便强力建立了这种"不留一手"的文化。评鉴农业经理人的能力，不单单只看他的工作成效，对于部属能力是否得到提高也成为判断主管工作能力强弱的重要标准。培育部属的能力包含评价培训需求、制定培训目标、编写培训教材、各种教学方法、应用数学工具以及评鉴培训成果等。工具上则有调查法、目标树、心理图像法、破冰技巧等。

（十）危机处理

农业经理人要有应对突发事件、重大事故的控制力，能面对各种自然灾害、产品质量、劳工关系等意外事故采取紧急应变处理，并能有效控制整个局面，防止事态的扩大，注重事故的善后处理。农业经理人必须有处理危机事件的能力和手段，况且这样的危机事件处理本身就是对农业经理人的一种考验，能证明农业经理人是否具备应对突发事件的控制力、应变力和协调力。对于这些类似问题的处理一定要及时，万不可随意把问题上交了事。当然，对于自己职权范围内不能解决的问题就要请示上级领导。

第二节　农业经理人职业道德

一、农业经理人职业道德

（一）职业道德的内涵

职业道德是指从事一定职业的人在职业生涯中应当遵循的具有职业特征的道德要求和行为准则。即整个社会对从业人员的职业观念、职业态度、职业技能、职业纪律和职业作风等方面的行为标准和要求。

（二）农业经理人职业道德的内容

农业经理人以契约的方式与农业经济组织建立聘用关系。因此，农业经理人的职业道德主要指契约签订之时、履约期间以及契约解除之后一段时间内农业经理人在职业行为方面应遵守的职业行为规范。

农业经理人的职业活动主要与农业企业、农民专业合作社、农村集体经济组织等组织、同事以及顾客紧密相关。因此，农业经理人要将从事的职业当作一项事业来做，要时刻关注和维护这个职业的声誉、形象和地位，对职业执着，具备强烈的责任感和使命感，严格按工作职责做事，用职业原则、职责要求规范和指导工作。工作中重视组织、制度建设及团队力量，注重组织的整体营运。即使是遇到不喜欢、不感兴趣的工作，只要是职责要求的，也会忠实地去完成。

因此，农业经理人的职业道德具体内容涵盖以下几个方面。

1. 诚信

诚信，顾名思义就是诚实守信，就是恪守信义、信用和信誉。它既是中华民族的传统美德，又是当今社会中一个不可或缺的重要道德规范。诚信是职业道德的一项重要内容，也是农业经营活动中法律化、制度化的要求。对农业经理人来讲，"诚信"既是一种履行契约的道德自觉，也是一项遵循信用制度的法律自觉；是树立自身信誉人格，进而塑造组织信誉形象及增强组织内部凝聚力和社会信用度的重要保证。农业经理人的诚信主要表现在对涉农经济组织的诚信、对消费者的诚信以及对社会的诚信等方面。

（1）农业经理人对农业经济组织的诚信

农业经理人对农业经济组织的诚信主要体现在契约的履行上。农业经理人通过契约与农业经济组织签订书面文书，作为约束双方行为的依据，契约一经签订必须严格遵守。这些契约包括农业经理人与雇主之间的正式契约、非正式契约、达成的默契，以及业内的一些潜规则，诚信度也就是对这些合约的遵守程度。农业经理人无视契约严肃性的非诚信表现将直接影响农业经理人的形象和职业生涯。其中农业经理人对组织的诚信还表现在当农业经理人已经选择离开了原来的组织时，有继续为原组织保持诚信的责任，这些责任体现在不泄露组织的知识产权、经营运作等秘密，不到处传播不利于原组织发展的言论等。

（2）农业经理人对消费者的诚信

农业经理人对消费者的诚信表现为在农产品的安全、质量、保质期限等方面严格遵守相关规定及承诺，而不是为了个人或农业经济组织的利益欺骗消费者。对农业经理人来讲，应以提升组织的生产管理的综合能力、提高生产率、改善生态环境为目标，制定并实施规范的生产规程和安全检验制度，并以市场运营手段来保障遵循生产规程的生产者、流通者利益，衔接安全农业生产的技术、管理与市场三大接口，促进农业（种、养、加）产业健康、安全、可持续地发展。

（3）农业经理人对社会的诚信

市场经济是诚信经济，诚信是市场经济的灵魂。农业经理人作为农业经济组织的经营者、管理者，应严格遵守国家法律、法规，守法经营，有义务承担起组织对社会的诚信。农业经济组织的诚信在很大程度上体现于农业经理人的诚信，作为一种经济存在形式，他们是对等的，他们的诚信互为前提，缺一不可。

2. 敬业

（1）敬业的含义

敬业是指以一种恭敬严肃的态度对待自己的职业。爱岗与敬业是紧密联系在一起的。爱岗是敬业的前提，敬业是爱岗情感的进一步升华，是对职业责任、职业荣誉的深刻认识。在态度上体现了对职业的心甘情愿、自觉自愿、充满热情，在行动上具体表现为勤奋踏实、尽职尽责、精益求精、一丝不苟、善始善终等。

（2）农业经理人的敬业精神

爱岗敬业是农业经理人履职时应有的态度和行为准则，也是承担农业经济组织责任和勤勉义务所必须具备的道德规范。农业经理人应热爱自己的工作，热爱自己的组织，全身心地投入到组织的经营管理活动中去，这样才能够充分发挥自己的知识和能力，在不懈努力的工作中使自身的能力得到升华。农业经营组织的生产经营活动是全体员工努力的结果。农业经理人是组织员工的表率，对员工具有很强的感染力。农业经理人的敬业精神能够激发广大员工的工作热情和敬业精神，大大提高组织经营管理的效率和效果。

3. 遵纪

（1）遵纪的含义

遵纪就是遵守法纪，指的是每个从业人员都要遵守纪律和法律法规，尤其要遵守职业纪律和与职业活动相关的法律法规。遵守法纪是每个公民应尽的社会责任和义务。

（2）遵守职业纪律的意义

农业经理人严格遵守职业纪律，一可以提高工作效率；二可以确保工作质量和农产品质量；三可以保证工作时间；四可以增强团结协作精神，充分体现集体力量；五可以明确工作或岗位职责，做到各司其职，各负其责；六可以减少或防止农产品质量安全事故发生；七可以防止滥用职权、腐败、违规违章等现象发生；八可以增强权威观念，保证整个农业生产、服务过程有组织地顺利进行。每一位农业经理人都应该以遵守职业纪律为荣，以违章违纪为耻。

（3）强化农业经理人的守法意识

市场经济是法制经济，也是诚信经济，是一种以合理化的方式追求和获取利润的社会经济形态，它与假冒伪劣的现象是背道而驰的。法律素质是农业经济组织及农业经理人的基本素质，农业经理人的守法意识是市场经济条件下的必然要求，要求农业经理人做到严格遵守法律法规，诚信守法经营，履行法律规定的义务，严守安全底线，确保人民群众舌尖上的安全。

农业经理人除了严格遵守《中华人民共和国宪法》等法律法规，还要认真学习并严格遵守《中华人民共和国环境保护法》《中华人民共和国农业法》《中华人民共和国农产品质量安全法》等农业法律，还需认真学习领会《基本农田保护条例》《农药管理条例》《兽药管理条例》《饲料和饲料添加剂管理条例》等保障环境和农产品质量安全的条例。农业经理人是农产品质量安全的守护人，遵守农业法律法规是每一个农业从业人员最起码的职业素养。

农业经理人除了要约束自己的行为规范，还要变被动为主动，自觉遵守职业行为规范，带领农业经济组织自觉遵守农业法律法规，严格执行安全生产技术规程，在组织内部建立起农产品质量保证制度，在员工中树立起诚信经营和爱护品牌信誉的意识，坚持走农业可持续发展道路。

4. 守责

（1）守责的含义

守责就是坚守责任，是一个人不得不做的事或一个人必须承担的事情。爱默生说："责任具有至高无上的价值，它是一种伟大品格，在所有价值中它处于最高的位置。"农业经理人所肩负的担子是非常沉重的，但支撑他们的不是名誉，也不是利益，而是要坚守责任——坚守对员工的责任、对委托人的责任、对农业经济组织生存的责任。一个责任心不强的人或根本不敢担当重任的人，是一个不称职的农业经理人，这样的经理人对农业经济组织的作用不大。

（2）农业经理人应坚守的责任

农业经理人必须把农业经济组织责任作为自己应坚守的责任，即只有明确组织的责任，具备强烈的责任心，才能更好地坚守起组织的责任。具体包括坚守委托责任、管理责任和社会责任。

① 委托责任：是农业经理人对委托人（股东会或合作社理事会）所负的责任，既是一种社会责任，也是农业经理人道德规范中必须坚守的责任。委托责任的核心是对委托人的权益负责，对组织的资产的保值、增值负责，是一种强制性约束和法律意义上的承诺，当然这也为农业经理人展示自己才能、实现自身价值提供了舞台。

② 管理责任：是农业经理人对农业经济组织经营管理活动全过程负责；对这个组织的管理集体、经营团队的合作、协调负责，对管理集体和经营团队能力的充分发挥负责；对这个组织的员工负责。

③ 社会责任：农业经理人的社会责任包括经济、法律、道德和慈善责任，不仅包括创造利润、对股东负责，还包括承担的对员工、消费者、社区、环境及政府等利益相关者的各种责任。

农业经理人在经营农业经济组织时，要把眼光放长、放远，从整个自然生态系统和子孙后代的未来考虑自己的经营行为，立足"可持续性发展理念"。既要承担自身的委托责任和管理责任，还要对组织经营活动产生的社会后果及其影响负责，尤其是与社会环境、社会生活有关的农业生产环境的影响、农产品对消费者利益的影响等。

5. 忠诚

（1）忠诚的含义

忠诚是对所发誓效忠的对象（国家、人民、事业、上级等）真心诚意、尽心尽力、没有二心。道德忠诚应用于待人和处世，要求自己的内心真诚无私、毫无保留。

（2）农业经理人的忠诚精神

忠诚要求农业经理人对待职业和组织应具有尽心、尽力的觉悟和态度，主要表现在以下几个方面：

第一，忠于农业经济组织。即对你选择的组织要忠诚，认同它的价值观、经营理念、文化，最重要的一点就是绝对不能做有损组织的事，不能背叛组织。同时当组织利益与个人利益发生冲突时，要以组织的利益为重。

第二，忠于职守。农业经理人首先必须明确自己的岗位职责，知道自己要做什么，做到什么程度。其次，农业经理人应尽最大努力完成本职工作。最后，农业经理人不能为了自身利益而忽略了本职工作。

第三，忠于上司。下级服从上级，这是执行力的保证。"忠于上司"允许农业经理人在决策的过程中充分发表意见，充分讨论，但一旦做出决策就必须不折不扣地执行。

二、农业经理人职业意识

农业经理人要想在职场中居于不败的地位，就要拥有促进农业经济组织永续发展的战略意识、创新意识、信息意识和应对农业生产发展及农产品市场变化的经济意识、竞争意识、团队意识、时间意识和风险意识。

（一）职业意识的含义

职业意识是农业经理人在职业活动中的心理活动、思维方式和选择习惯，是农业经理人的自我意识在职业活动领域的表现。

农业经理人的职业意识是基于对所从事职业的充分认识，包括职业环境、职业价值、职业目标和达成目标的手段。

（二）农业经理人职业意识的内容

塑造良好的职业意识首先要求农业经理人塑造自己职业生涯的目标，围绕目标去努力实施。总的来说，农业经理人应具有以下意识。

1. 战略意识

战略一般是指对战争全局的筹划和指导，现在泛指带有全局性或长远性的运筹和谋划。美国企业家乔尔·罗斯说："没有总体战略的企业，就像一艘没有舵的航船一样，只会在原地转圈，它又像一个流浪汉一样无家可归。"组织战略是指导组织各项工作，求得生存、发展的行动纲领。因此，作为农业经济组织的领头人，必须具有战略思维模式，才能把全局的观念和长远的眼光运用到农业经济组织的决策和管理中。

农业经理人要培养战略意识，首先就要对农业生产发展和农产品市场环境进行分析，明确农业经济组织的发展目标，并善于为了农业经济组织的长远利益而放弃眼前利益。

2. 创新意识

创新是社会向前发展的动力，是企业生存的保证，是农业经理人不可缺少的基本素质之一。农业经理人的创新意识不只体现在技术创新、产品创新、经营方法创新上，更重要的是在整合资源模式上的创新，包括观念创新、体制创新、经营管理创新等，而这一切最终都取决于思维创新。因此农业经理人的创新思维必须在实践中加以锻炼和培养，主要从以下几个方面加以强化。

（1）培养独立分析思考问题的能力

农业经理人在经营决策中，特别是在寻求解决问题办法的时候，既要广泛征求意见，又要避免人云亦云。要通过独立的分析思考形成主张或解决问题的办法，不能迷信书本或权威。因此，农业经理人在决策的时候一定要分析农业经济组织所处的环境或现实的条件，要敢于摒弃传统的观念和思想，敢想敢做。

（2）培养创新思维的模式

在生活中，有时越想把某件事情干好，就越跳不出传统思维的圈子，越找不到突破口，就越干不好事情。只有在工作实践中不断地总结与训练，才能打破常规思维，发展创造性思维。常见的创新思维训练方法有如下几种：

① 一日一设想：坚持每天一个设想，三周以后创新思维的习惯就能初步养成。

② 想象截留法：有时候，一个好想法在大脑中转瞬即逝，应该马上拿起笔把它记下来，然后再去评估它的价值，长此以往，定有回响。

③角色互换法：指站在对方立场上去思考的一种方法。如果你是销售员，请你假想一下如果自己是顾客，会有什么需求；如果你是老师，你可以把自己当成学生，想象一下自己渴望老师做些什么。

④相似构想法：指用形体相似的东西来刺激自己产生构想的方法。平时要善于观察和思考，通过自然界的各种现象来激发各种构想与创意。

⑤逆向思考法：指从相反的方向来思考问题的方法。

（3）培养收集信息的好习惯

创新意识不足的原因还有现有相关信息量的供给不足，缺乏准确的、有启发性的海量信息对人的意识产生冲击。因此，农业经理人平时要做一个有心人，关注、收集一些有用的信息，并有序整理。例如顾客的需求、竞争对手的动向等，这些信息在适当的时机都可能用得到。

3. 信息意识

21世纪是一个信息时代，处处蕴藏着各种各样的信息，能否利用好现有的信息资料是人们能力强弱的体现。因此具备信息意识对农业经理人来说尤为重要。

农业经理人的信息意识是收集信息并利用信息的意识，它主要从信息意识、信息能力和信息道德三个方面来体现：

（1）信息意识

农业经理人有没有信息素养、有多高的信息素养，首先要看他有没有信息意识、信息意识有多强。这是指当他碰到一个实际问题时，他能不能想到利用信息技术去解决。发现信息、捕获信息，并能想到利用信息技术去解决问题，是信息意识的表现。

（2）信息能力

信息能力是指运用信息知识、技术和工具解决信息问题的能力，包括对信息基本概念和原理等知识的理解和掌握、信息资源的收集整理与管理、信息技术及其工具的选择和使用、信息处理过程的设计等能力。

（3）信息道德

信息技术，特别是网络技术的迅猛发展，给生活、学习和工作方式带来了根本性变革，同时也引出许多新问题。如个人信息隐私权、软件知识产权、软件使用者权益、网络信息传播、网络黑客等。针对这些信息问题，出现了调整人与人之间以及个人和社会之间信息关系的行为规范，这就形成了信息伦理。能不能在利用信息能力解决实际问题的过程中遵守信息伦理，体现了一个农业经理人信息道德水平的高低。

（4）强化信息意识

大数据在农业生产过程管理、农业资源管理、农业生态环境管理、农产品和食品安全、农业装备和设施监控等方面的大量应用表明，信息技术已渗透到了农业的方方面面。因此，农业经理人应具备较强的收集信息、利用信息的能力，并把其转化成一种农业生产的动力。

4. 经济意识

经济意识，即任何人做任何事的时候都要有投入产出思维，做事情的时候要考虑这件事情是不是值得做，要考虑到工作的轻重缓急。

作为农业经理人必须要有经济头脑，时刻注意考虑经济效益，要重视开源节流、精打细算，以效益为中心。为此必须做到：

(1) 增强效益观念

在市场经济条件下，效益是工作成果的终端显示。无论是直接的经济行为还是其他工作，不讲究效益就失去了根本。因此农业经理人要牢固树立效益观念。

(2) 强化成本意识

在市场经济环境下，经济效益始终是企业管理追求的首要目标，农业经理人在企业成本管理中也应该树立成本效益观念，实现由传统的"节约""节省"观念向现代效益观念的转变。企业的一切成本管理应以成本效益观念作为支配思想，从"投入"与"产出"的相对分析来看待"投入"（成本）的必要性、合理性，研究成本增减与收益增减的关系，以确定最有利于提高效益的成本预测和决策方案，努力以尽可能少的成本付出，创造尽可能多的实用价值，使企业获得更多的经济效益。

5. 竞争意识

竞争意识是每一个农业经理人不可缺少的素质之一。如果缺乏正确的竞争意识，就会不可避免地变得平庸，甚至摆脱不了被淘汰的命运。

养成竞争意识，主要应注意以下几点：

(1) 培养竞争胆识

培养竞争的胆识，就是要培养农业经理人敢尝试、敢争取的勇气与底气，这也是培养竞争意识的基础。

(2) 主动参加竞争

竞争是无处不在的，与其躲开，不如主动参与。面对日益激烈的市场竞争，农业经理人不但不能逃避，还要主动参与，要运用灵活的竞争策略找到农产品的立足之地，并不断地谋求发展壮大。

(3) 引导公平竞争

竞争的目的是有利于团队、有利于社会，通过不择手段而获取的竞争结果，能带来短期的效益但往往要付出长久的代价。在市场竞争的条件下，首先是农业经理人素质的竞争。

(4) 遇胜不骄，遇败不馁

人生的竞争结果无非两种，成功或失败。无论成功或失败都要坦然面对。要想成功唯一能做的就是及时增强自己的实力。

(5) 树立努力做到最好的信念

一个人只有觉得自己做得不够好才会努力学习去提升自己，而最可怕的就是自满心理，自以为足够好，从而满足现状。

(6) 竞争应以合作为前提

竞争的目的不是把对手踩在脚底，自己成功。通过与对手的共同合作，实现共同提高，才是真正的高手。

6. 团队意识

团队意识是团队成员为了团队的共同目标，以协同合作的方式，努力追求团队共同目标的集体意识。团队合作意识是一种主动性的意识，将自己融入整个团队，对问题进行思考，想团队之所想，从而最大限度地发挥自己的作用。当今，社会需求越来越多样化，人们在工作、学习中所面临的情况和环境极其复杂，在很多情况下，单靠个人能力已很难完全处理各种错综复杂的问题，并采取切实高效的行动。因此，人们需要相互依赖，通过建立合作团队来解决错综复杂的问题，并采取必要的行动，协调开发团队应变能力和持续的创新能力，依靠团队合作的力量创造奇迹。

培养团队合作意识要做到以下几点：
① 确定一个目标。
② 树立"我为人人，人人为我"的思想。
③ 建立系统科学的管理制度。
④ 经常沟通和协调。
⑤ 设定优秀团队奖励制度。

7. 时间意识

在经济飞速发展、技术日新月异的年代，时间显得尤其重要。目前，"时间就是金钱，效率就是生命"已成为家喻户晓的名言。争取时间，就可能创造更多的价值，获得更高的效益。讲求效率，实际上是人们珍惜时间的反应。因此，珍惜时间应该成为现代管理者必须具备的价值观。

8. 风险意识

风险就是生产目的与劳动成果之间的不确定性，农业生产和经营过程中风险因素复杂多样，导致农业风险也具有广泛性、复杂性和多样性。根据风险的成因，可以把农业风险划分为自然风险、市场风险、技术风险和社会风险。

农业风险与农业生产经营发展是相伴而生的。因此，农业经理人的风险意识的培养是非常重要的，有风险意识才有风险管理的意识。而要培养风险意识，应该重点把握以下几点：
① 正确认识农业风险。
② 以积极的态度对待农业风险。
③ 风险意识应融入农业经济组织经营、管理的全过程。

本章小结

通过分析农业经理人的岗位职责，提出农业经理人必须具备制订计划、制定决策、生产管理、组织实施、绩效考核、沟通表达、团队建设、领导能力、培训能力和危机处理十项基本素养；必须具备诚信、敬业、遵纪、守责和忠诚五项基本的职业道德；农业经理人职业发展应与农业行业发展相适应，要做一个优秀的农业经理人，必须培养自身的战略意识、创新意识、信息意识、经济意识、竞争意识、团队意识、时间意识和风险意识。

复习思考

① 农业经理人的岗位职责是什么？
② 农业经理人应具备哪些基本素养要求？
③ 农业经理人应具备哪些基本的职业道德？
④ 农业经理人应具备哪些职业意识？
⑤ 根据本章内容谈谈如何加强农业经理人职业道德建设？

第三章　现代农业基础知识

学习目标：

1. 知识目标
- 掌握无土栽培中营养液的配制方法
- 熟悉种公猪和妊娠母猪的日常管理
- 熟悉禾谷类、蔬菜和水果深加工技术
- 熟悉农产品的主要污染物检测方法
- 了解畜禽生态养殖技术的方式
- 掌握秸秆综合利用和畜禽粪便资源化利用技术

2. 技能目标
- 能够进行无土栽培营养液的配制
- 能够识别禾谷类、蔬菜和水果相应的深加工的方法
- 能列出农产品主要污染物的检测方法
- 能够对秸秆资源化利用和生态化处理
- 能够应用畜禽粪便资源化利用技术

3. 素养目标
- 激励学生钻研创新，注重自我成长
- 树立科技强农和数商兴农的使命感
- 树立农产品规范生产、保护生态观念
- 培养学生严谨的逻辑思维和数据化意识
- 培养学生的系统观念和资源化利用意识

第一节　现代农业新技术

一、种植新技术

（一）无机营养无土栽培的概念

无土栽培是不用土壤而用加有养分溶液的物料（如珍珠岩、蛭石、无毒泡沫塑料等）作为植物生长介质的栽培方法。

按营养成分可分为无机营养无土栽培和有机营养无土栽培。

按有无基质可分为无基质栽培和有基质栽培。其中，无基质栽培又可分为水培和雾培；

有基质栽培又可分为袋培、槽培和岩棉培等。

（二）无机营养无土栽培技术要点

1. 基质准备

（1）基质的要求

① 基质应为具有一定大小的固形物质。这会影响基质是否具有良好的物理性状，影响容量、孔隙度、空气和水的含量。按照粒径大小可分为五级，即 1 mm、1~5 mm、5~10 mm、10~20 mm 和 20~50 mm。可以根据栽培作物种类、根系生长特点、当地资源状况加以选择。

② 基质具有良好的物理性质。基质必须疏松，保水保肥又透气。对蔬菜作物比较理想的基质，其粒径最好为 0.5~10 mm，总孔隙度>55%，容重为 0.1~0.8 g/cm^3，空气容积为 25%~30%，基质的水气比为 1∶4。

③ 基质应具有稳定的化学性状，本身不含有害成分，不使营养液发生变化。基质的化学性质主要指以下四个方面：

a. pH 值：反映基质的酸碱度，这对于基质是非常重要的。它会影响营养液的 pH 值及成分变化。一般认为，pH 值位于 6~7 之间被认为是理想的基质。

b. 电导度（EC）：反映已经电离的盐类溶液浓度，直接影响营养液成分和作物根系对各种元素的吸收。

c. 缓冲能力：反映基质对肥料迅速改变 pH 值的缓冲能力，要求缓冲能力越强越好。

d. 盐基代换量：指在 pH=7 时测定的可替换的阳离子含量。一般有机基质如树皮、锯末、草炭等可代换的物质多；无机基质中蛭石可代换的物质多。

（2）基质种类

用于无机营养无土栽培的基质种类很多，从基质的组成来看，主要分为无机基质和有机基质两大类。其中，无机基质有岩棉、炉渣、珍珠岩、蛭石、陶粒等；有机基质有发酵后的草炭、锯末、炭化稻壳等。可根据当地基质来源，因地制宜地加以选择。尽量选用原料丰富易得、价格低廉、理化性状好的材料作为无土栽培的基质。

（3）基质混合

1∶1 的草炭、蛭石；1∶1 的草炭、锯末；1∶1∶1 的草炭、蛭石、锯末；1∶1∶1 的草炭、蛭石、珍珠岩；6∶4 的炉渣、草炭等。

（4）基质消毒

消毒柜蒸汽消毒、福尔马林溶液熏蒸消毒。

2. 营养液的配制

无土栽培的第一步就是正确配制营养液，这是无土栽培的关键技术环节。如果配制方法不正确，某些营养元素会因沉淀而失效，或影响植物吸收，甚至导致植物死亡。

（1）营养液的配制原则

营养液配制总的原则是确保在配制后和使用营养液时都不会产生难溶性化合物的沉淀。每一种营养液配方都有产生难溶性物质沉淀的可能性，这与营养液的组成是分不开的。营养液是否会产生沉淀主要取决于浓度的高低。几乎任何化学平衡的配方在高浓度时都会产生沉淀。

如 Ca^{2+} 与 SO_4^{2-} 相互作用产生 $CaSO_4$ 沉淀；Ca^{2+} 与磷酸根（PO_4^{3-} 或 HPO_4^{2-}）产生 $Ca_3(PO_4)_2$ 或 $CaHPO_4$ 沉淀；Fe^{3+} 与 PO_4^{3-} 产生 $FePO_4$ 沉淀，以及 Ca^{2+}、Mg^{2+} 与 OH^- 产生 $Ca(OH)_2$ 和 $Mg(OH)_2$ 沉淀。实践中运用难溶性物质溶度积法则作指导，采取以下两种方法可避免营养液中产生沉淀：一是对容易产生沉淀的盐类化合物实施分别配制，分罐保存，使用前再稀释、混合；二是向营养液中加酸，降低 pH 值，使用前再加碱调整。

（2）营养液配制前的准备工作

① 根据植物种类、生育期、当地水质、气候条件、肥料纯度、栽培方式以及成本大小，正确选用和调整营养液配方。这是因为不同地区的水质和肥料纯度等存在差异，这些差异会直接影响营养液的组成；栽培作物的品种和生育期不同，要求营养元素比例不同，特别是 N、P、K 三要素的比例；栽培方式，特别是基质栽培时，基质的吸附性和本身的营养成分都会改变营养液的组成。不同营养液配方的使用还涉及栽培成本问题。因此，配制前要正确、灵活调整所选用的营养液配方，在证明其确实可行之后再大面积应用。

② 选好适当的肥料（无机盐类）。所选肥料既要考虑肥料中可供使用的营养元素的浓度和比例，又要注意选择溶解度高、纯度高、杂质少、价格低的肥料。

③ 阅读有关资料。在配制营养液之前，先仔细阅读有关肥料或化学物品的说明书或包装说明，注意盐类的分子式、含有的结晶水、纯度等。

④ 选择水源并进行水质化验，作为配制营养液时的参考。

⑤ 准备好贮液罐及其他必要物件。营养液一般配成浓缩 100～1000 倍的母液备用。每一配方要用 2～3 个母液罐。母液罐的容积以 25 L 或 50 L 为宜，以深色不透光的为好。

（3）营养液配制方法

营养液配制有浓缩液（也称母液）和工作液（也称栽培液）二种配制方法。生产上一般用浓缩贮备液稀释成工作液，方便配制，如果营养液用量少时也可以直接配制工作液。

① 浓缩液的配制。

浓缩液的配制程序是计算—称量—溶解—分装—保存。

a. 计算。按照要配制的浓缩液的体积和浓缩倍数计算出配方中各种化合物的用量。计算时注意以下几点：

第一，无土栽培肥料多为工业用品和农用品，常有吸湿水和其他杂质，纯度较低，应按实际纯度对用量进行修正。

第二，硬水地区应扣除水中所含的 Ca^{2+}、Mg^{2+}。例如，配方中的 Ca^{2+}、Mg^{2+} 分别由 $Ca(NO_3)_2 \cdot 4H_2O$ 和 $MgSO_4 \cdot 7H_2O$ 来提供，实际的 $Ca(NO_3)_2 \cdot 4H_2O$ 和 $MgSO_4 \cdot 7H_2O$ 的用量是配方量减去水中所含的 Ca^{2+}、Mg^{2+} 量。但扣除 Ca^{2+} 后的 $Ca(NO_3)_2 \cdot 4H_2O$ 中氮用量减少了，这部分减少了的氮可用硝酸（HNO_3）来补充，加入的硝酸不仅起到补充氮源的作用，而且可以中和硬水的碱性。加入硝酸后仍不能使水中的 pH 值降低至理想的水平时，可适当减少磷酸盐的用量，而用磷酸来中和硬水的碱性。如果营养液偏酸，可增加硝酸钾用量，以补充硝态氮，并相应地减少硫酸钾用量。扣除营养中镁的用量，$MgSO_4 \cdot 7H_2O$ 实际用量减少，也相应地减少了硫酸根（SO_4^{2+}）的用量。但由于硬水中本身就含有大量的硫酸根，所以一般不需要另外补充，如果有必要，可加入少量硫酸（H_2SO_4）来补充。在硬水地区硝酸钙用量少，磷和氮的不足部分可由硝酸和磷酸供给。

b. 称量。分别称取各种肥料，置于干净容器或塑料薄膜袋中，或平摊于地面的塑料薄膜上，以免损失。在称取各种盐类肥料时，注意稳、准、快，称量应精确到正负 0.1 以内。

c. 肥料溶解。将称好的各种肥料摆放整齐，最后一次核对无误后，再分别溶解，也可将彼此不产生沉淀的化合物混合在一起溶解。注意溶解要彻底，边加边搅拌，直至盐类完全溶解。

d. 分装。浓缩液分别配成 A、B、C 三种浓缩液，分别用三个贮液罐盛装。A 罐：以钙盐为中心，凡不与钙盐产生沉淀的化合物均可放在一起溶解；B 罐：以磷酸盐为中心，凡不与磷酸盐产生沉淀的化合物均放在一起溶解；C 罐：预先配制螯合铁溶液，然后将化 C 液所需称量的其他各种化合物分别在小塑料容器中溶解，再分别缓慢倒入螯合铁溶液中，边加边搅拌。A、B、C 浓缩液均按浓缩倍数的要求加清水至需配制的体积，搅拌均匀后即可。浓缩液的浓缩倍数要根据营养液配方规定的用量和各盐类的溶解度来确定，以不致过饱和而析出为准。其浓缩倍数以配成整数值为好，方便操作。一般比植物能直接吸收的均衡营养液高出 100~200 倍，微量元素浓缩液可浓缩至 1000 倍。

e. 保存。浓缩液存放时间较长时，应将其酸化，以防沉淀的产生。一般可用 HNO_3 酸化至 pH3~4，并存放塑料容器中，放置于阴凉避光处保存。

② 工作液的配制。

a. 浓缩液稀释的步骤为：

第一步，计算好各种浓缩液需要移取的液量，并根据配方要求调整水的 pH 值；

第二步，在贮液池或其他盛装栽培液的容器内注入所配制营养液体积的 50%~70% 的水量；

第三步，量取 A 母液倒入其中，开动水泵循环流动 30 min 或搅拌使其扩散均匀；

第四步，量取 B 母液慢慢注入贮液池的清水入口处，让水源冲稀 B 母液后带入贮液池中参与流动扩散，此过程加入的水量以达到总液量的 80% 为度；

第五步，量取 C 母液随水冲稀带入贮液池中参与流动扩散。加足水量后，循环流动 30 min 或搅拌均匀；

第六步，用酸度计和电导率仪分别检测营养液的 pH 值和 EC 值，如果测定结果不符配方和作物要求，应及时调整。pH 值可用稀酸溶液如硫酸、硝酸或稀碱溶液如氢氧化钾、氢氧化钠调整。调整完毕的营养液，在使用前先静置一些时候，然后在种植床上循环 5~10 min 左右，再测试一次 pH 值，直至与要求相符；

第七步，做好营养液配制的详细记录，以备查验。

b. 直接配制：

第一步，按配方和欲配制的营养液体积计算所需各种肥料用量，并调整水的 pH 值；

第二步，配制 C 母液；

第三步，向贮液池或其他盛装容器中注入 50%~70% 的水量；

第四步，称取相当于 A 母液的各种化合物，在容器中溶解后倒入贮液池中，开启水泵循环流动 30 min；

第五步，称取相当于 B 母液的各种化合物，在容器中溶解，并用大量清水稀释后，让水源冲稀 B 母液带入贮液池中，开启水泵循环流动 30 min，此过程所加的水以达到总液量的 80% 为度；

第六步，量取 C 母液并稀释后，在贮液池的水源入口处缓慢倒入，开启水泵循环流动至营养液均匀为止；

第七步、第八步同浓缩液稀释法。

荷兰、日本等国家在现代化温室中进行大规模无土栽培生产时，一般仅采用 A、B 两母液罐。A 罐中主要含硝酸钙、硝酸钾、硝酸铵和螯合铁，B 罐中主要含硫酸钾、硝酸钾、磷酸二氢钾、硫酸镁、硫酸锰、硫酸铜、硫酸锌、硼砂和钼酸钠，通常制成 100 倍的母液。为了防止母液罐出现沉淀，有时还配备酸液罐以调节母液酸度。整个系统由计算机控制调节，稀释、混合形成工作液。

在工作液的过程中，要防止由于加入母液速度过快造成局部浓度过高而出现大量沉淀。如果较长时间开启水泵循环之后仍不能使这些沉淀溶解时，应重新配制营养液。

③ 营养液配制的操作规程。

为了保证营养液配制过程中不出差错，需要建立一套严格的操作规程。内容应包括：

a. 仔细阅读肥料或化学品说明书，注意分子式、含量、纯度等指标，检查原料名是否相符，准备好盛装贮备液的容器，贴上不同颜色的标识。

b. 原料的计算过程和最后结果要经过三名工作人员三次核对，确保准确无误。

c. 各种原料分别称好后，一起放到配制场地规定的位置上，最后核查无遗漏才动手配制。切勿在用料及配制用具未到齐的情况下匆忙动手操作。

d. 原料加水溶解时，有些试剂溶解太慢，可以加热；有些试剂如硝酸铵，不能用铁质的器具敲击或铲，只能用木、竹或塑料器具取用。

e. 建立严格的记录档案，以备查验。

（三）有机生态型无土栽培技术

1. 有机生态型无土栽培的概念

有机生态型无土栽培技术是指不用天然土壤，而使用基质，不用传统的营养液灌溉植物根系，而使用有机固态肥并直接用清水灌溉作物的一种无土栽培技术。

2. 有机生态型无土栽培的特点

（1）用有机固态肥取代传统的营养液

有机生态型无土栽培是以各种有机肥和少量无机肥的固体形态直接混施于基质中，作为供应栽培作物所需营养的基础，在作物的整个生长期中，可隔几天分若干次将固态肥直接追施于基质表面上，以保持养分的供应强度。

（2）操作管理简单

传统无土栽培的营养液，它需维持各种营养元素的一定浓度及各种元素间的平衡，尤其是要注意微量元素的有效性。有机生态型无土栽培因采用基质栽培及施用有机肥，不仅各种营养元素齐全，其中微量元素更是供应有余，因此在管理上主要着重考虑氮、磷、钾三要素的供应总量及其平衡状况，大大地简化了操作管理过程。

（3）大幅度降低无土栽培设施系统的一次性投资

由于有机生态型无土栽培不使用营养液，从而可全部取消配制营养液所需的设备、测试系统、定时器、循环泵等设施。

（4）大量节省生产费用

有机生态型无土栽培主要使用消毒有机肥，与使用营养液相比，其肥料成本降低 60%～80%。从而大大节省无土栽培的生产成本。

（5）对环境无污染

有机生态型无土栽培系统排出液中硝酸盐的含量只有 1～4 mg/L，对环境无污染，而岩棉栽培系统排出液中硝酸盐的含量高达 212 mg/L，对地下水有严重污染。由此可见，应用有机生态型无土栽培方法生产蔬菜，不但产品洁净卫生，而且对环境也无污染。

（6）产品质优可达"绿色食品"标准

从栽培基质到所施用的肥料，均以有机物质为主，所用有机肥经过一定加工处理（如利用高温和厌氧发酵等）后，在其分解释放养分过程中，不会出现过多的有害无机盐，使用的少量无机化肥，不包括硝态氮肥，在栽培过程中也没有其他有害化学物质的污染，从而可使产品达到"A级或AA级绿色食品"标准。

综上所述，有机生态型无土栽培具有投资省、成本低、用工少、易操作和产品高产优质的显著特点。它把有机农业导入无土栽培，是一种有机与无机农业相结合的高效益、低成本的简易无土栽培技术。

3. 有机生态无土栽培的设施系统构造与营养管理

（1）设施系统构造

有机生态型无土栽培系统采用基质槽培的形式。在无标准规格的成品槽供应时，可选用当地易得的材料建槽，如用木板、木条、竹竿，甚至砖块，实际只建没有底的槽的边框，所以不需特别牢固，只要能保持基质不散落到走道上就行。槽框建好后，在槽的底部铺一层 0.1 mm 厚的聚乙烯塑料薄膜，以防止土壤病虫传染。

（2）营养管理

有机生态型无土栽培的肥料供应量以 N、P、K 三要素为主要指标，每立方米基质所施用的肥料内应含有：全氮（N）1.5～2.0 kg，全磷（P_2O_5）0.5～0.8 kg，全钾（K_2O）0.8～2.4 kg。这一供肥水平，足够一茬番茄亩产 8000～10 000 kg 的养分需要量。

基肥与追肥的比例为 25∶75 至 60∶40，每次每立方米基质追肥量：全氮（N）80～150 g，全磷（P_2O_5）30～50 g，全钾（K_2O）50～180 g。追肥次数以所种作物生长期的长短而定。

（3）设施条件

温室内还需安装有机生态型无土栽培系统，主要包括栽培槽、栽培基质和灌水设施等。

① 栽培槽。

温室内北边留 80 cm 做走道，南边余 30 cm，用砖垒成内径宽 48 cm 的南北向栽培槽，槽边框高 24 cm（平放千层砖），槽距 72 cm；或按 48 cm 宽在地上挖深 12 cm 的槽，边上垒 2 层砖成半地下式栽培槽。为防止渗漏并使基质与土壤隔离，槽基部铺一层 0.1 cm 厚塑料薄膜，膜边用最上层的砖压紧即可。膜上铺 3 cm 厚的洁净河沙，沙上铺一层纺织袋，袋上填栽培基质。

② 灌水设施。

应具备自来水设施或建水位差 1.5 m 的蓄水池，以单个棚室建成独立的灌水系统。除外管道用金属管，棚内主管道及栽培槽内的滴灌带均可用塑料管。槽内铺滴灌带 1～2 根，并在滴灌带上覆一层 0.1 cm 厚的窄塑料薄膜，以防止滴灌水外喷。

③ 栽培基质。

有机基质的原料可用玉米秸、菇渣、锯末等，使用前 15 天基质堆 20~25 cm 厚，喷湿盖膜加以消毒灭菌并加入一定量的无机物，如沙、炉渣等。混合基质采用 1∶2∶2 比例的煤矸石、锯末、玉米秸。1 立方米基质中再加入 2 kg 有机无土栽培专用肥、10 kg 消毒鸡粪，混匀后即可填槽。每茬作物收获后可进行基质消毒，基质更新年限一般为 3~5 年。

二、养殖新技术

（一）种公猪的日常管理与利用

1. 日常管理

（1）单圈饲养

公猪多实行单圈栏饲养，每头公猪所需要面积至少 2 m×2 m，单圈栏饲养可以防止公猪间相互爬跨和争斗打架，同时也便于根据实际情况随时调整饲粮和日粮。新购进的公猪应当隔离饲养 30 天，并进行驱虫和免疫注射，确认无病后，方可调入公猪舍单圈饲养。

（2）运动

公猪应有一定量的运动，以利于保证公猪膘情、增强体质健康、提高精子活力，运动形式有驱赶运动、自由运动和放牧运动三种。

驱赶运动适于工厂化养猪场，每天上、下午各运动一次，每次运动时间为 1~2 h，每次运动里程为 2 km，遇有雪、雨等恶劣天气应停止运动。如果不进行驱赶运动，应安排公猪自由运动，理想的户外运动场至少 7 m×7 m，保证公猪具有一定的运动场地。有放牧条件的可以进行放牧运动，对于提高公猪精液品质、增强体质健康十分有益。

（3）定期检查精液品质和称重

公猪在使用前 2 周应进行精液品质检查，防止因精液品质低劣影响母猪受胎率和产仔数。尤其是实行人工授精的厂家，应该作为规定项目来进行，每月至少要进行 1~2 次精液品质检查，对于精子活力 0.7 以下、密度 1 亿/mL 以下、畸形率 18% 以上的精液不宜进行人工授精，限期调整饲养管理规程，如果调整无效应将种公猪淘汰。

青年公猪应定期进行体重称量，便于掌握其生长发育情况，使公猪在 16~18 月龄体重控制在 150~180 kg。通过定期精液品质检查和体重称量，调整日粮的营养水平、饲料喂量、运动及配种强度，有利于公猪的科学饲养和使用。

（4）建立种公猪规律性生活制度

饲喂、配种或采精、运动、刷拭等各项工作都应在大体固定的时间进行，由专人管理，使种公猪养成良好的规律性的生活习惯，以便于管理。

（5）刷拭、修蹄和锯牙

每天定时用刷子刷拭猪体，热天结合淋浴冲洗，可保持猪皮肤清洁卫生，促进猪血液循环，使猪少患皮肤病和外寄生虫病，这也是饲养员调教公猪的机会，使种公猪温驯、听从管教，便于辅助配种和采精，要注意保护种公猪的肢蹄，不正常的蹄形会影响活动和配种。对不良的蹄形如蹄尖裂开等，应及时用铲刀修理。獠牙向外伸出时，要锯掉。

（6）防寒、防暑

饲养种公猪的最适温度为 18~20 ℃，能够适应的温度为 6~30 ℃，因此，冬季应通过加铺垫草、加挂草帘等措施防寒保温，以减少饲料的消耗和疾病的发生。夏天高温对种公猪的影响尤为严重：轻者食欲下降，性欲降低；重者精液品质下降，影响配种受胎率和产仔数，甚至会中暑死亡。试验表明，当种公猪 72 h 处于 33 ℃ 的高温下，其精液品质受到严重影响。表现为精子活力下降，总精子数和活精子数减少，畸形精子数增加，与配母猪妊娠率下降，胚胎成活率降低，须经过 7~8 周，才能使精液品质恢复正常。防暑降温的措施很多，有通风、洒水、洗澡和遮阳等方面，各地可因地制宜进行操作。

（7）种公猪的保健

种公猪舍应认真做好日常饲养管理，定期清洁卫生并进行消毒工作，还应根据本地某些传染病的流行情况，科学地进行免疫接种，借鉴养猪技术先进国家的做法。

2. 合理利用

公猪的配种能力和使用年限，与公猪使用强度关系较大。如果公猪使用强度过大，将导致公猪体质衰退，降低配种成绩，造成公猪过早淘汰但使用强度过小，公猪种用价值得不到充分利用，是一种浪费。

（1）初配年龄

小公猪的初配年龄，随品种、气候和饲养管理等条件的不同而有所变化。我国地方猪种性成熟早，如内江公猪 63 日龄就能产生精子，而国外品种及其杂种公猪和国内培育的新品种性成熟较晚，7~8 月龄才能性成熟。达到性成熟的小公猪，并不意味着可以配种利用，如过早开始配种，会影响公猪本身的生长发育，缩短公猪的利用年限且所生后代仔数较少、体小而弱、生长缓慢。最适宜的初配年龄，一般以品种、年龄和体重来确定，地方品种应在 6~8 月龄，体重 50~60 kg 大中型的引进或培育品种应在 8~10 月龄，体重 100 kg 左右，达成年公猪体重的 3/4 开始初配。

（2）利用强度

公猪的配种能力和利用年限，与公猪使用强度关系较大，如公猪使用强度过大，会显著降低精液品质，影响受胎率，还会造成公猪的过早淘汰；如公猪长期不配种，可导致性欲不旺，精液内老死的精子较多，精液品质变差，进而造成受精率降低，繁殖成绩下降，因此必须合理地利用公猪。

对公猪配种或采精利用的频次，大致可按如下范围：① 2 岁以上的公猪可每天 1 次，必要时最多 2 次，但不能天天如此；如每天 1 次，宜在早饲后 1~2 h 进行；每天 2 次时，则应早晚各 1 次；如公猪每天连续配种，每周应休息 1 天。② 2 岁以内公猪配种，应控制在每周 2~3 次。

3. 种公猪的选择与更新淘汰

（1）种公猪选择

在养猪生产上要选择生长速度快、饲料利用率高、背膘薄的品种或品系作为配种公猪，从而提高后代的生长速度和胴体品质。其外形要求身体结实强壮、四肢端正、腹线平直、睾丸大并且对称，乳头 6 对以上并且排列整齐、无瞎乳头。不要选择有运动障碍、站立不稳、直腿、高弓背的公猪，以免影响配种。

选用：一般按公、母比 1：（100~300）选用健康、无遗传缺陷的优良公猪，包括查情公猪[①]。
（2）淘汰更新

公猪更新淘汰率一般为 35%~40%，因此，猪场每年都应有计划地培育或外购一些生产性能高、体质强健的青年公猪，取代那些配种成绩较低（其配种成绩低是指本年度或某一段时间内与配母猪受胎率低于 50%）、配种使用 3 年以上，或患有国家明令禁止的传染病或难以治愈和治疗意义不大的其他疾病的公猪。现代养猪生产中，公猪所生后代如果不受市场欢迎，造成销售困难时，也应进行淘汰，以便获得较大经济效益。通过淘汰更新，既更新了血统又能淘汰一些不符合种用要求的公猪。

（二）妊娠母猪日常管理

1. 饲养方式

妊娠母猪多采取小群饲养的方式进行管理，一般每栏饲养 4~5 头为宜，应尽量安排配种日相近的母猪同栏以便于调整日粮，每头猪所需占栏面积一般为 1.5~2 m^2（非漏缝地板），须有足够的饲槽，以保证同栏所有妊娠母猪能同时进食（饲槽长度应大于全栏母猪肩宽之和），避免胆小母猪吃不到料或因争抢饲料造成不必要的伤害和饲料损失。保证饮水充足、清洁、卫生，饮水器的高度应为平均肩高加 5 cm，一般为 55~65 cm，保证饮水方便。

2. 运动

群养妊娠母猪栏应设有与室内栏圈相通的室外运动场，便于母猪平时出入室外运动栏自由活动，有条件的厂家可进行放牧运动，既有利于母猪健康和胚胎发育，也有利于将来的分娩。

3. 创造良好环境

妊娠舍要卫生、清洁，地面不过于光滑，要有 3%左右的坡度便于冲刷，圈门设计宽度要适宜，一般宽度为 0.6~0.7 m，防止出入挤撞。舍内温度控制在 15~20 ℃，注意通风换气，简易猪舍要注意防寒防暑，妊娠母猪环境温度超过 32 ℃时，会导致胚胎死亡或中暑流产。妊娠猪舍要安静，防止强噪声刺激引起流产。

4. 其他方面

初配母猪妊娠后期应进行乳房按摩，以利于乳腺系统发育和产后泌乳。猪场根据本地区传染病流行情况，在妊娠后期进行防疫的免疫接种和体内外生虫的驱除。

5. 防止流产

保胎防流产是妊娠期母猪饲养管理的主要任务之一，流产的发生可归结为如下原因：
（1）营养性流产

妊娠母猪日粮中长期严重缺乏蛋白质或长期缺乏维生素 A、维素 E、维生素 B_1、维生素 B_2、泛酸、维生素 B_6、维生素 B_{12}、胆碱、锰、碘、锌等将引起妊娠母猪流产、弱仔和畸形等，硒添加过量时也会导致死胎和弱仔增加；母猪采食发霉变质饲料、有毒有害物质、冰冷饲料等也能引起流产。

[①] 查情公猪指性欲旺盛、查情能力强的公猪，是种畜生饲养管理中的重要角色。

（2）疾病性流产

当妊娠母猪患有卵巢炎、子宫炎、阴道炎、感冒发热时可能会引起母猪流产，有些传染病和寄生虫病将引起母猪终止妊娠或影响妊娠母猪正常产仔，如猪繁殖呼吸障碍综合征、圆环病毒病、细小病毒病、乙型脑炎、猪伪狂犬病、狂犬病、布鲁氏菌病、李氏杆菌病、丹毒杆菌病、钩端螺旋体病、附红细胞体病、弓形虫病等。

（3）管理不当造成流产

夏季高温天气引起中暑，可能诱发母猪流产；猪舍地面过于光滑导致行走摔倒、出圈门挤撞、饲养员拳打脚踢或不正确地驱赶、突发性惊吓刺激等都会造成母猪流产或影响正常产仔。

（4）其他方面

不合理用药、免疫接种不良反应也可诱发母猪流产。

第二节 农产品加工技术

一、农产品初加工技术

（一）种植业产品初加工范围

1. 粮食初加工

（1）小麦初加工

小麦初加工指通过对小麦进行清理、配麦、磨粉、筛理、分级、包装等简单加工处理，制成的小麦面粉及各种专用粉，还包括麸皮、麦糠、麦仁。

（2）稻米初加工

稻米初加工指通过对稻谷进行清理、脱壳、碾米（或不碾米）、烘干、分级、包装等简单加工处理，制成的成品粮及其初制品，具体包括大米、蒸谷米，还包括稻糠（砻糠、米糠和统糠）。

（3）玉米初加工

玉米初加工指通过对玉米籽粒进行清理、浸泡、粉碎、分离、脱水、干燥、分级、包装等简单加工处理，生产的玉米粉、玉米碴、玉米片等；或鲜嫩玉米经筛选、脱皮、洗涤、速冻、分级、包装等简单加工处理，生产的鲜食玉米（速冻粘玉米、甜玉米、花色玉米、玉米籽粒）。

（4）薯类初加工

薯类初加工指通过对马铃薯、甘薯等薯类进行清洗、去皮、磋磨、切制、干燥、冷冻、分级、包装等简单加工处理，制成薯类初级制品。具体包括薯粉、薯片、薯条，还包括变性淀粉以外的薯类淀粉。（薯类淀粉生产企业需达到国家环保标准，且年产量在一万吨以上。）

（5）食用豆类初加工

食用豆类初加工指通过对大豆、绿豆、红小豆等食用豆类进行清理去杂、浸洗、晾晒、分级、包装等简单加工处理，制成的豆面粉、黄豆芽、绿豆芽。

（6）其他类粮食初加工

其他类粮食初加工指通过对燕麦、荞麦、高粱、谷子等杂粮进行清理去杂、脱壳、烘干、磨粉、轧片、冷却、包装等简单加工处理，制成的燕麦米、燕麦粉、燕麦麸皮、燕麦片、荞麦米、荞麦面、小米、小米面、高粱米、高粱面，还包括大麦、糯米、青稞、芝麻、核桃；相应的初加工产品还包括大麦芽、糯米粉、青稞粉、芝麻粉、核桃粉。

2. 园艺植物初加工

（1）蔬菜初加工

蔬菜初加工一般分为三类：第一，将新鲜蔬菜通过清洗、挑选、切割、预冷、分级、包装等简单加工处理，制成净菜、切割蔬菜。第二，利用冷藏设施，将新鲜蔬菜通过低温贮藏，以备淡季供应的速冻蔬菜，如速冻茄果类、叶类、豆类、瓜类、葱蒜类、柿子椒、蒜苔。第三，将植物的根、茎、叶、花、果、种子和食用菌通过干制等简单加工处理，制成的初制干菜，如黄花菜、玉兰片、萝卜干、冬菜、梅干菜、木耳、香菇、平菇。

注意：以蔬菜为原料制作的各类蔬菜罐头（罐头是指以金属罐、玻璃瓶、经排气密封的各种食品。）及碾磨后的园艺植物（如胡椒粉、花椒粉等）不属于初加工范围。

（2）水果初加工

水果初加工指通过对新鲜水果（含各类山野果，包括番茄）清洗、脱壳、切块（片）、分类、储藏保鲜、速冻、干燥、分级、包装等简单加工处理，制成的各类水果、果干、原浆果汁、果仁、坚果。

3. 花卉及观赏植物初加工

花卉及观赏植物初加工指通过对观赏、绿化及其他各种用途的花卉及植物进行保鲜、储藏、烘干、分级、包装等简单加工处理，制成的各类鲜、干花。

4. 油料植物初加工

油料植物初加工指通过对菜籽、花生、大豆、葵花籽、蓖麻籽、芝麻、胡麻籽、茶籽、桐籽、棉籽、红花籽及米糠等粮食的副产品等，还包括玉米胚芽、小麦胚芽，进行清理、热炒、磨坯、榨油（搅油、墩油）、浸出等简单加工处理，制成的植物毛油和饼粕等副产品。具体包括菜籽油、花生油、豆油、葵花油、蓖麻籽油、芝麻油、胡麻籽油、茶子油、桐子油、棉籽油、红花油、米糠油以及油料饼粕、豆饼、棉籽饼。

注意：精炼植物油不属于初加工范围。

5. 糖料植物初加工

糖料植物初加工指通过对各种糖料植物，如甘蔗、甜菜、甜菊（甜菊又名甜叶菊）等，进行清洗、切割、压榨等简单加工处理，制成的制糖初级原料产品。

6. 茶叶初加工

茶叶初加工指通过对茶树上采摘下来的鲜叶和嫩芽进行杀青（萎凋、摇青）、揉捻、发酵、烘干、分级、包装等简单加工处理，制成的初制毛茶。精制茶、边销茶、紧压茶和掺兑各种药物的茶及茶饮料不属于初加工范围。

7. 药用植物初加工

药用植物初加工指药用植物初加工通过对各种药用植物的根、茎、皮、叶、花、果实、种子等，进行挑选、整理、捆扎、清洗、晾晒、切碎、蒸煮、炒制等简单加工处理，制成的片、丝、块、段等中药材。

注意：加工的各类中成药不属于初加工范围。

8. 纤维植物初加工

纤维植物初加工分为以下三种：① 棉花初加工，指通过轧花、剥绒等脱绒工序简单加工处理，制成的皮棉、短绒、棉籽。② 麻类初加工，指通过对各种麻类作物（大麻、黄麻、槿麻、苎麻、苘麻、亚麻、罗布麻、蕉麻、剑麻等，还包括芦苇）进行脱胶、抽丝等简单加工处理，制成的干（洗）麻、纱条、丝、绳。③ 蚕茧初加工，指通过烘干、杀蛹、缫丝、煮剥、拉丝等简单加工处理，制成的蚕（包括蚕茧）、蛹、生丝（包括厂丝）、丝棉。

9. 热带、南亚热带作物初加工

热带、南亚热带作物初加工指通过对热带、南亚热带作物去除杂质、脱水、干燥、分级、包装等简单加工处理，制成的工业初级原料。具体包括：天然橡胶生胶和天然浓缩胶乳、生咖啡豆、胡椒籽、肉桂油、桉油、香茅油、木薯淀粉、木薯干片、坚果。

（二）畜牧业产品初加工范围

1. 畜禽类初加工

（1）肉类初加工

肉类初加工指通过对畜禽类动物（包括各类牲畜、家禽和人工驯养、繁殖的野生动物以及其他经济动物）宰杀、去头、去蹄、去皮、去内脏、分割、切块或切片、冷藏或冷冻、分级、包装等简单加工处理，制成的分割肉、保鲜肉、冷藏肉、冷冻肉、绞肉、肉块、肉片、肉丁，还包括火腿等风干肉、猪牛羊杂骨。

（2）蛋类初加工

蛋类初加工指通过对鲜蛋进行清洗、干燥、分级、包装、冷藏等简单加工处理，制成的各种分级、包装的鲜蛋、冷藏蛋。

（3）奶类初加工

奶类初加工指通过对鲜奶进行净化、均质、杀菌或灭菌、灌装等简单加工处理，制成的巴氏杀菌奶、超高温灭菌奶。

（4）皮类初加工

皮类初加工指通过对畜禽类动物皮整张剥取、清理、浸泡、晾干或熏干等简单加工处理，制成的生皮、生皮张。

（5）毛类初加工

毛类初加工指通过对畜禽类动物毛、绒或羽绒分级、去杂、清洗等简单加工处理，制成的洗净毛、洗净绒或羽绒。

（6）蜂产品初加工

蜂产品初加工指通过去杂、过滤、浓缩、融化、磨碎、冷冻简单加工处理，制成的蜂蜜、蜂蜡、蜂胶、蜂花粉。

注意：肉类罐头、肉类熟制品、蛋类罐头，各类酸奶、奶酪、奶油、王浆粉，各种蜂产品口服液、胶囊不属于初加工范围。

2. 饲料类初加工

（1）植物类饲料初加工

植物类饲料初加工指通过碾磨、破碎、压榨、干燥、酿制、发酵等简单加工处理，制成的糠麸、饼粕、糟渣、树叶粉。

（2）动物类饲料初加工

动物类饲料初加工指通过破碎、烘干、制粉等简单加工处理，制成的鱼粉、虾粉、骨粉、肉粉、血粉、羽毛粉、乳清粉。

（3）添加剂类初加工

添加剂类初加工指通过粉碎、发酵、干燥等简单加工处理，制成的矿石粉、饲用酵母。

3. 牧草类初加工

牧草类初加工指通过对牧草、牧草种籽、农作物秸秆等，进行收割、打捆、粉碎、压块、成粒、分选、青贮、氨化、微化等简单加工处理，制成的干草、草捆、草粉、草块或草饼、草颗粒、牧草种籽以及草皮、秸秆粉（块、粒）。

二、农产品深加工技术

（一）农产品深加工的概念

农产品深加工，细分产业区域一般包括：薯类深加工、坚果深加工、浆果深加工、棉麻深加工、花卉深加工、茶叶深加工、蜂产品深加工、谷物深加工（如小麦深加工、稻米深加工、玉米深加工、小杂粮深加工等）、蔬菜深加工（如蔬菜提取物、保鲜蔬菜、冷冻蔬菜、脱水蔬菜等）、水果深加工（如水果提取物、保鲜水果、冷冻水果、速冻水果等）、特色农产品深加工（各地区特色的农产品）等。

（二）部分农产品深加工的类别

1. 禾谷类深加工技术

禾谷类有小麦、稻谷、玉米三大主打主食，还有我们偶尔品尝到的高粱、谷子、糜子、大麦、燕麦、荞麦等。禾谷类作物在国民经济和人民生活中有举足轻重的地位，其籽实大部分是我国人民的主食，部分杂粮是重要的饲料。此外，谷物籽实及其加工产品还是食品工业、轻工业、医疗和化工工业的重要原料。

（1）酿酒加工技术

啤酒加工技术的第一步，是将麦芽汁煮沸 1.5～2 h 以杀菌并使其稳定在麦芽汁近煮沸时，加入一半蛇麻籽，另一半蛇麻籽在煮沸将近结束时加入麦芽汁，麦芽汁 pH 约为 5.2，在大气压和该 pH 值下煮沸可杀菌。除杀死微生物外，煮沸还能凝结部分含氮物质，这一现象称为热凝作用。蛇麻籽中的单宁由于与蛋白质的相互作用，使其溶解度降低，要尽量地将不稳定的蛋白质除去。

煮沸完毕之后，将麦芽汁冷却至 7 ℃ 左右。冷却时必须小心操作，防止微生物浸染麦芽汁，冷却要在密封罐内进行。将经过致冷并过滤的无菌空气通入麦芽汁中，不仅可起到冷却的作用，而且可提高麦芽汁的含氧量。由于冷却作用，有更多的蛋白质和蛋白质-单宁复合物沉淀下来，必须除去这种沉淀。冷却之后，将麦芽汁过滤，再注入接种罐。

第二步，将酵母添加到麦芽汁中去。一般接种量约为 0.68 斤（桶）。在冷却期间增加的氧有助于缩短酵母生长的时间，在约 48 h 后，先头泡沫形成。这批泡沫带出一些剩余的酒花树脂和含氮物质，这将降低啤酒的苦味，因此，先头泡沫必须仔细除去。然后将麦芽汁泵入密封发酵罐，糖中 1/3 的碳变为二氧化碳，并产生相当大的热量，因此发酵罐需安装冷却盘管，以保持恒定温度，在发酵的前 18 h 内，发酵率增加，保持稳定状态约 72 h，然后缓慢衰退。一般 7~9 天发酵完全。发酵完成后，将啤酒冷却至 4 ℃，然后用泵小心地抽取罐底部的沉淀物，将沉淀物洗涤后可用于下次接种或作为饲料或食品配料出售。

第三步，将啤酒从发酵罐中泵出后，冷却至 32 °F，通过砖藻上过滤，再在温度为 32 °F，CO_2 反压为 1.8~2.1 斤/厘米的状态下熟化。啤酒冷却时呈现浑浊，而温热时浑浊消失，这是由蛋白质-单宁混合物造成的。为了避免这一问题，可进行抗寒处理，方法是使用单宁酸、蛋白质水解酶和膨润土，啤酒熟化之后，通过纤维素纤维进行最终过滤，然后即可装瓶。装瓶时啤酒应是冷的，并且要克服二氧化碳的反压力，这样可避免二氧化碳的损失，还能预防啤酒被有机体或氧气污染。啤酒应装在棕色瓶内，以预防氧气和光线改变啤酒的风味。瓶装或听装的啤酒都必须进行巴氏灭菌处理，一般多采用高温短时处理法。

（2）白酒加工技术

白酒俗称烧酒，是一种高浓度的酒精饮料，一般 50~65 度。白酒芳香浓郁，醇和软润，风味多样。我国酿造白酒的历史悠久，传统的白酒酿造工艺为固态发酵法，在发酵时需添加一些辅料，以调整淀粉浓度，保持酒醅的松软度，保持浆水。常用的辅料有稻壳、谷糠、玉米芯、高粱壳、花生皮等。

除了原料和辅料之外，还需要有酒曲。以淀粉原料生产白酒时，淀粉需要经过多种淀粉酶的水解作用，生成可以进行发酵的糖，这样才能为酵母所利用，这一过程称之为糖化，所用的糖化剂称为曲（或酒曲、糖化曲）。曲是以含淀粉为主的原料做培养基，培养多种霉菌，积累大量淀粉酶的一种粗制的酶制剂。

目前常用的糖化曲有大曲（生产名酒、优质酒用）、小曲（生产小曲酒用）和麸曲（生产麸曲白酒用）。生产中使用最广的是麸曲。

此外，糖被酵母菌分泌的酒化酶作用，转化为酒精等物质，即称之为酒精发酵，这一过程所用的发酵剂称为酒母。酒母是以含糖物质为培养基，将酵母菌经过相当纯粹的扩大培养所得的酵母菌增殖培养液。生产上多用大缸酒母。

目前，我国的白酒生产有固态发酵和液态发酵两种，下面分别对其工艺进行介绍。

① 固态发酵。

固态发酵的大曲、小曲、麸曲等工艺中，麸曲白酒在生产中所占比重较大，故此处仅简述麸曲白酒的工艺。其制作方法如下：

a. 原料粉碎。原料粉碎的目的在于便于蒸煮，使淀粉充分被利用。根据原料特性，粉碎的细度要求也不同，薯干、玉米等原料，通过 20 孔筛者占 60% 以上。

b. 配料。将新料、酒糟、辅料及水配合在一起，为糖化和发酵打基础。配料要根据甑桶、窖子的大小、原料的淀粉量、气温、生产工艺及发酵时间等具体情况而定，配料得当与否的具体表现，要看入池的淀粉浓度、醅料的酸度和疏松程度是否适当，一般以淀粉浓度 14%~

16%、酸度 0.6~0.8、润料水分 48%~50%为宜。

c. 蒸煮糊化。利用蒸煮使淀粉糊化。有利于淀粉酶的作用，同时还可以杀死杂菌。蒸煮的温度和时间视原料种类、破碎程度等而定。一般常压蒸料 20~30 min。蒸煮的要求为外观蒸透，熟而不黏，内无生心即可。

将原料和发酵后的香醅混合，蒸酒和蒸料同时进行，称为"混蒸混烧"，前期以蒸酒为主，甑内温度要求 85~90 ℃，蒸酒后，应保持一段糊化时间。若蒸酒与蒸料分开进行，称之为"清蒸清烧"。

d. 冷却。蒸熟的原料，用扬渣或晾渣的方法，使料迅速冷却，使之达到微生物适宜生长的温度，若气温在 5~10 ℃时，品温应降至 30~32 ℃；若气温在 10~15 ℃时，品温应降至 25~28 ℃，夏季要降至品温不再下降为止。扬渣或晾渣同时还可起到挥发杂味、吸收氧气等作用。

e. 拌醅。固态发酵麸曲白酒，是采用边糖化边发酵的双边发酵工艺，扬渣之后，同时加入曲子和酒母。酒曲的用量视其糖化力的高低而定，一般为酿酒主料的 8%~10%，酒母用量一般为总投料量的 4%~6%（即取 4%~6%的主料作培养酒母用）。为了利于酶促反应的正常进行，在拌醅时应加水（工厂称加浆），控制入池时醅的水分含量为 58%~62%。

f. 入窖发酵。入窖时醅料品温应在 18~20 ℃（夏季不超过 26 ℃），入窖的醅料既不能压得过紧，也不能过松，一般掌握在每立方米容积内装醅料 630~640 千克为宜。装好后，在醅料上盖上一层糠，用窖泥密封，再加上一层糠。

发酵过程主要是掌握品温，并随时分析醅料水分、酸度、酒量、淀粉残留量的变化。发酵时间的长短，根据各种因素来确定，有 3 天、4~5 天不等。一般当窖内品温上升至 36~37 ℃时，即可结束发酵。

g. 蒸酒。发酵成熟的醅料称为香醅，它含有极复杂的成分。通过蒸酒把醅中的酒精、水、高级醇、酸类等有效成分蒸发为蒸汽，再经冷却即可得到白酒。蒸馏时应尽量把酒精、芳香物质、醇甜物质等提取出来，并利用掐头去尾的方法尽量除去杂质。

② 液态发酵。

液态熟料发酵法是按照与酒精相类似的生产工艺，将原料液态糊化、液态糖化、液态发酵、液态蒸馏制得液态法白酒的过程。传统的全液态法（一步法）即是一种液态熟料发酵法。全液态法生产工艺的一般过程如下：

a. 原料粉碎。酿酒原料以高粱、玉米为主，薯干等原料因为成品酒中甲醇的含量高而逐渐被淘汰。

原料在进入粉碎机前，应将杂质和金属等通过相应的装置清除，玉米原料应预先脱去胚芽。粉碎度要求为能通过 40 目筛孔的占 90%以上为宜。

b. 配料、蒸煮。配料时粮水为 1:4 左右。可用酒糟水代替部分配料用水。根据入池酸度为 0.5~0.7 来调整酒糟水用量，以控制杂菌繁殖，有利于糖化、发酵及产酯。酒糟水中的死菌体也提供了氮源等成分，由于原料是粉末状的，所以酒糟的使用温度以 60 ℃为宜。采用多种原料有利于获得更复合的成品酒风味。蒸煮时以常压蒸煮为好。若压力过高，容易发生焦糖化，使得成品酒中有焦糊味。而对于薯干等原料，高温下果胶质易分解为甲醇。蒸煮设备则仿照酒精厂的圆柱体或圆锥体的立式蒸煮锅，进行间歇蒸煮。应设有一台带搅拌装置的投料配水混合器。或者先将粉末原料在打浆锅中和糟水混匀后，再泵入蒸煮锅。也可采用附有搅拌器的圆柱形蒸煮锅,其形状基本与糖化锅相同。

酒精厂采用的连续蒸煮设备,也适用于液态发酵法白酒的原料蒸煮。

c. 糖化。目前大多采用间歇糖化法。糖化锅为圆柱体弧形底,以碳钢板制成,附有搅拌及冷却装置。

采用麸曲糖化时,用曲量为 11%~15%,分两次加曲。待醪液在糖化锅中冷却至 60~70 ℃ 时,先加入总用曲量 50%的麸曲,保温糖化 30 min,使液化酶充分发挥作用。再继续冷却至入池品温,加入另一半麸曲,使其在发酵过程中继续糖化。

进入20世纪80年代后,大多采用酶法或半酶法糖化。全酶法糖化时用酶量为120~200 U/g 原料左右,加曲量为 6%~10%。

d. 发酵。可采用发酵池也可采用发酵罐进行发酵。如为钢筋水泥发酵池,则内壁应涂刷耐酸且无毒的涂料,也可衬以耐酸瓷砖。发酵罐有开放式、半封闭式和密封式三种,后两种有利于二氧化碳回收。

采用低温入池发酵,入池温度不应太高,在冬春季,入池品温为 17~20 ℃ 时,48 h 左右进入以产酒为主的发酵阶段,总发酵期为 4~5 天。炎热季节,入池温度难以降低,发酵期应缩短为 3 天。

为了提高发酵醪质量,除了在醪液中加入酒母外,还可辅以大曲、生香酵母、复合菌液等。在主发酵期加入乙酸菌培养液,不但可以增加成品酒中乙酸乙酯的含量,而且也增加了乙酸、丁酸、丁酸乙酯等香味成分。也可将液态发酵法白酒醪与香味醪液分别发酵后按一定比例混合。

e. 蒸馏。将发酵成熟醪打入装有稻壳层的蒸馏中,以直接蒸汽和间接蒸汽同时加热至 95 ℃,然后减少间接蒸汽,并调节回流量使酒度达 60%~70%。当蒸馏酒度降至50%以下时,可开大蒸汽蒸尽余酒,酒尾回收到下一次待蒸馏的成熟醪中,进行复蒸。稻壳层要定期更换。采用这种间歇蒸馏方法得到的液态法白酒大多质量较差,需经串香、调香等进一步加工制得成品酒。

(3) 酵母发酵技术

世界上最大众化的酵母发酵食品就是面包,其消费量以绝对优势力压其他食品。因此,我们以面包为例,解析其加工技术。面包最基本的配方是面粉、酵母、盐和水,这些主原料缺一不可。流程分为三个基本工序:和面或面团形成、发酵和烘烤。最简单的面包制作方法是一次发酵法,即将所有的配方原料一次混合成成熟的面团,然后进行发酵。在发酵期间,将面团翻揉一次或数次。发酵后,将面团分成面包大小的块状,揉圆,成形,放入烤盘中,让面团再进行一次发酵以增大体积,达到所要求的尺寸后,再置入烤炉中烘烤。一次发酵法的发酵时间变化很大,长者达到 3 h,短者基本上无发酵时间。

最流行的面包烘焙工艺是二次发酵法,即先将部分面粉、部分水和全部酵母混合到刚好形成疏松的面团,让酵头发酵 5 h,然后将其与剩下的配方原料混合,揉和成成熟的面团。面团和好以后,进行中间醒发(静置)20~30 min,使面团松弛,然后像直接发酵法那样分块、成形和醒发。掌握烘烤面包生坯的火候也是制作面包的关键。烘烤面包可以用煤烤炉、电烤炉、远红外线烤炉。通过烤炉对面包生坯进行高温烤制,制品不仅可由生变熟,而且会形成表面金黄、组织膨松、香甜可口、富有弹性等特色。下面以煤火烘烤炉为例,说明怎样调节烘烤面包时的炉温。烘烤面包要用旺火,但不同阶段要用不同火候。

第一阶段面火要低（120 ℃），底火要高（不超过 250 ~ 260 ℃），这样既可以避免面包表面很快定形，又能使面包膨胀适度。第二阶段面火、底火都要高（面火指煤堆表面的火，底火指煤堆底层的火），面火可达 270 ℃，底火不超过 270 ~ 300 ℃，使面包定形。第三阶段逐步将面火降为 180 ~ 200 ℃，底火降为 140 ~ 160 ℃，使面包表面焦化，形成鲜明色泽，并提高香味。全部烤制时间根据面包大小掌握，如 100 g 小面包为 8 ~ 10 min。这样在三个阶段中运用"先低、后高、再低"的不同火候，可以烤制出合乎质量要求的面包。其他烤炉的温度也可根据这种变化来适当控制。

2. 蔬菜深加工技术

（1）热风干燥脱水法

① 原料挑选。选择具有丰富肉质的蔬菜品种，脱水前应严格选优去劣，剔除病虫、腐烂、干瘪部分。以八成熟为宜，瓜类去籽瓤，其他类型蔬菜用清水冲洗干净，然后放在阴凉处晾干。

② 切削、烫漂。将洗干净的原料根据产品要求分别切成片、丝、条等形状。预煮时，因原料不同而异，易煮透的放沸水中焯熟，不易煮透的放沸水中略煮片刻，一般烫漂时间为 2 ~ 4 min。注意：叶菜类最好不烫漂。

③ 冷却、沥水。预煮处理后的蔬菜应立即进行冷却（一般采用冷水冲淋），使其迅速降至常温。冷却后，为缩短烘干时间，可用离心机甩水，也可用简易手工方法压沥，待水沥尽后，就可摊开稍加晾晒，以备装盘烘烤。

④ 烘干。应根据不同品种确定不同的温度、时间、色泽及烘干时的含水率。烘干一般在烘房内进行。烘房大致有三种：a. 简易烘房，采用逆流鼓风干燥；b. 用两层双隧道、顺逆流相结合的烘房；c. 厢式不锈钢热风烘干机，烘干温度范围为 65 ~ 85 ℃，分不同温度干燥，逐步降温。采用第一种、第二种烘房时，可将蔬菜分装在塑料袋内，并进行密封、装箱，然后上市。

（2）冷冻真空干燥脱水法

① 原料挑选。与"热风干燥脱水法"的原料挑选法一致相同。

② 清洗。去皮、去除蔬菜表面泥土及其他杂质。为去除农药残留，用 0.5% ~ 1% 盐酸溶液或 0.05% ~ 0.1% 高锰酸钾或 600 mL/kg 漂白粉浸泡数分钟进行杀菌，再用净水漂洗。根茎类蔬菜应去皮处理。去皮后必须立即投入清水中或护色液中。

③ 切分成形。将蔬菜切分成一定的形状（粒、片状），切分后易褐变的蔬菜应浸入护色液中。

④ 烫漂。一般采用热水烫漂，水温随蔬菜品种变化，一般为 80 ~ 100 ℃，时间为几秒到数分钟不等。烫漂时，可在水中加入一些盐、糖、有机酸等其他物质，以改变蔬菜的色泽和增加硬度。

⑤ 冷却。甩干烫漂结束后应立即冷却，冷却时间越短越好。甩干蔬菜表面滞留的水滴，方法一般采用离心甩干式。

⑥ 快速冷冻。冻结沥干后的物料快速冷冻，冻结温度一般在 -30 ℃ 以下。

⑦ 真空干燥。预冻后的蔬菜放入真空容器内，借助真空系统将窗口内压力降到三相点以下，由加热系统供热给物料，使物料水分逐渐蒸发，直到干燥至水分终点为止。

⑧ 分检计量。冷冻干燥后的产品应立即分检，剔除杂质及等外品，并按包装要求准确称量，入袋待封口。

⑨ 包装。用双层塑料袋真空包装。由于产品氧化褐变，可用充氮包装，包后放入外纸箱中入库贮存。

3. 水果深加工技术

（1）果蔬中风味物质的提取技术

目前，风味物质提取的方法主要有顶空取样技术、同时蒸馏萃取技术、固相微萃取技术、搅拌棒吸附萃取技术和超临界流体萃取技术等。

① 顶空取样技术（HS）。

其原理是将待测样品放入一个密闭的容器中，样品中的挥发成分便从果蔬基质中释放出来进入容器的顶空，其在顶空中含量的多寡只由基本的物理、化学定理所决定。其又分为静态顶空取样技术（SHS）和动态顶空取样技术（DHS）。

② 同时蒸馏萃取技术（SDE）。

该方法最初由 Lickens 和 Nicker-son 于 1964 年提出，是一种将水蒸汽蒸馏和有机溶剂抽提结合起来的方法，即首先从样品中蒸馏出挥发性物质，再使用低沸点溶剂萃取蒸馏液。

③ 固相微萃取技术（SPME）。

该方法由加拿大 Waterloo 大学 Pawlisyzn 及其合作者于 1900 年提出。由 Supelo 公司（美国）1994 年推出其商业化产品。它是通过利用微纤维表面少量的吸附剂从样品中分离和浓缩分析物的技术，集采样、富集和进样于一体，尤其适合与气相色谱联用，为样品预处理开辟了一个全新的局面。

④ 搅拌棒吸附萃取技术（SBSE）。

该技术是一种从溶液样品中分离和浓缩的新技术。搅拌棒由密封在玻璃管中的磁核和厚的聚二甲基硅氧烷涂层组成，萃取机理和固相微萃取非常相似。

⑤ 超临界流体萃取技术（SFE）。

该技术是一种以超临界流体代替常规有机溶剂对食品中的风味物质进行提取分离的新技术。在超临界状态下，将超临界流体与待分离的物质接触，使其有选择性地把极性大小、沸点高低和分子量大小的成分依次萃取出来。

（2）果蔬中风味物质的检测分析技术

目前，较为先进的果蔬风味分析技术有气相、液相色谱法，气质、液质联用测定法，气相色谱-吸闻技术、电子鼻技术等。

① 气相色谱技术（GC）。

气相色谱法是比较适合于挥发性风味物质分析测定的方法之一，它具有灵敏度高、分离效果高和定量分析正确的特点，被广泛地用于果蔬等风味的研究中。

② 液相色谱技术（LC）。

液相色谱技术是在气相色谱原理的基础上发展起来的分离风味物质的技术。该方法的最大特点是物质在低温情况下可进行分离，在处理对热不稳定的物质时尤为重要，此外也可用来分析产生香味但察觉不到挥发性的组分，利用待测物对光的作用，可用荧光、紫外、示差等检测器检测。

③ 气质联用技术（GC-MS）。

当样品注入气相色谱，经色谱柱分离后的物质由分子分离器进入电离室，被电子轰击形成离子，其中部分离子进入离子检测器。经过质谱快速扫描后导出组分的质谱图，以此作为定性、定量分析的依据。气质联用技术综合了气相色谱高分离能力和质谱高鉴别能力的优点，实现了风味物质的一次性定性、定量分析。

④ 液质联用技术（HPLC-MS）。

液质联用技术以液相色谱作为分离系统，质谱为检测系统，样品在质谱部分被离子化后，经质谱的质量分析器将离子碎片按质量数分开，经检测器得到质谱图。

⑤ 气相色谱-吸闻技术（GC-O）。

GC-O 最早由 Fullerl 于 1964 年提出，是将气味检测仪同分离挥发性物质的气相色谱仪相结合的技术。其原理是在气相色谱柱末端安装分流口，GC 毛细管柱分离出的流出物按照一定的分流比，一部分进入仪器检测器［通常为氢火焰离子检测器（FID）和质谱（MS）］，另一部分通过传输线进入嗅闻端口让人鼻（即感官检测器）进行感官评定。

⑥ 电子鼻技术（EN）。

电子鼻也称人工嗅觉系统，是模仿生物鼻的一种电子系统，主要根据气味来识别物质的类别和成分。其工作原理是模拟人的嗅觉器官对气味进行感知、分析和判断。

第三节　农产品质量安全

一、农产品质量知识

（一）农产品质量安全的概念

所谓农产品质量安全，是指农产品的质量符合保障人的健康和安全的要求，农产品的可靠性、使用性和内在价值符合有关规定，包括在生产、贮存、流通和使用过程中形成、合成、留有和残存的营养、危害及外在特征因子，既有等级、规格、品质等特性要求，也有对人和环境的危害等级水平的要求。

农产品质量认证是指由第三方农产品质量认证机构证明农业企业或个人所生产的农产品及管理体系符合相关技术规范的强制性要求或者标准的合格评定活动。目前，我国农产品质量认证主要是农产品的"三品一标"。"三品一标"指的是无公害农产品、绿色食品、有机农产品以及农产品地理标志。无公害农产品指产地环境、生产过程和产品质量符合国家有关标准和规范的要求，经认证合格获得认证证书并允许使用无公害农产品标志的未经加工或者初加工的食用农产品。绿色食品是指产自优良环境，按照规定的技术规范生产，实行全程质量控制，无污染、安全、优质并使用专用标志的食用农产品及加工品。有机农产品是指来自有机农业生产体系，根据有机农业生产要求和相应标准生产加工，并且通过合法的有机食品认证机构认证的农副产品及其加工品。农产品地理标志是指标示农产品来源于特定地域，产品品质和相关特征主要取决于自然生态环境和历史人文因素，并以地域名称冠名的特有农产品标志。

(二)农产品主要污染物

目前我国农产品中的主要污染物是农药残留、硝酸盐、重金属等。① 农药(特别是有机磷和氨基甲酸酯类农药)是目前生产品种最多、使用量最大,也最可能引起强烈中毒反应的污染物。② 蔬菜是易富集硝酸盐植物,特别是现代农业化肥的大量施用,使蔬菜中硝酸盐含量急剧上升。③ 蔬菜中重金属主要来源于工业"三废"的排放及城市垃圾、污泥和含重金属的化肥、农药,有毒重金属主要指铜、锌、镉、铬,另外还有汽车尾气造成的铅污染。生物污染问题也开始引起重视,但由于我国消费者食用蔬菜绝大部分是熟食,烹调过程可以使微生物失活,只要不食用未经加热的蔬菜或在食用前充分洗净,这类污染对人体的危害基本可以避免。

二、农产品检测

(一)农产品污染物检测

1. 重金属元素的定义及类型

重金属指比重(密度)大于4或5的金属,约有45种,如铜、铅、锌、铁、钴、镍、锰、镉、汞、钨、钼、金、银等。尽管锰、铜、锌等重金属是生命活动所需要的微量元素,但是大部分重金属如汞、铅、镉等并非生命活动所必需,而且所有重金属超过一定浓度都对人体有毒。其中砷、硒是非金属,但它们的毒性及某些性质与重金属相似,所以将其列入重金属污染物范围内。

在环境污染方面,重金属污染物主要指汞、镉、铅以及类金属砷等生物毒性显著的重金属。对人体毒害最大的有5种:铬、铅、镉、汞、砷。这些重金属不能被生物降解,相反却能在食物链的生物放大作用下,成千百倍地富集,最后进入人体。重金属在人体内能和蛋白质及酶等发生强烈的相互作用,使它们失去活性,也可能在人体的某些器官中累积,造成慢性中毒。

2. 重金属元素检测

(1)铬污染

铬污染主要来源于劣质化妆品原料、皮革制剂、金属部件镀铬部分、工业颜料、鞣革、橡胶和陶瓷原料等;如误食饮用,可致腹部不适和腹泻等中毒症状,引起皮肤炎。

(2)铅污染

铅污染主要来自各种油漆、涂料、电池、化妆品、汽车尾气、空气灰尘等,它是通过皮肤、消化道、呼吸道进入体内。主要毒性效应是贫血症、神经机能失调和肾损伤。铅是重金属污染中毒性较大的一种,一旦进入人体将很难排除,能直接伤害人的脑细胞,特别是胎儿的神经系统,可造成先天智力低下。

(3)镉污染

镉污染在废旧电池中含量较多、主要存在于水果与蔬菜中,尤其是蘑菇中,在奶制品和谷物中也有少量存在。主要积蓄在肾脏,引起泌尿系统的功能变化。镉能够取代骨中钙,使骨骼严重软化,骨头寸断,会引起胃脏功能失调,干扰人体和生物体内锌的酶系统,使血压上升,导致高血压,引起心脑血管疾病;破坏骨骼和肝肾,并引起肾衰竭。

（4）汞污染

汞污染主要来源于化妆品、燃煤、水生生物等。汞由食物链进入人体，引起全身中毒作用；易受害的人群有女性，尤其是准妈妈、嗜好海鲜人士；天然水中含汞极少，一般不超过 0.1 μg/L。食入后直接沉入肝脏，对大脑、神经、视力破坏极大。天然水中每升含 0.01 mg，就会导致人中毒。

（5）砷污染

砷污染存在于各种农药、杀虫剂、化肥等中，是人体的非必需元素，元素砷的毒性极低而砷的化合物却有剧毒，三价砷化合物是砒霜的组分之一，有剧毒，会导致人迅速死亡。长期接触少量砷，会导致慢性中毒，另外还有致癌性。砷化合物危害较多的人群有农民、家庭主妇、特殊职业工人群体。

（二）重金属检测技术

在重金属检测中，常见的预处理方法有干法灰化和湿法消化，其中微波消解是较为常见的湿法消化。

常见的重金属分析检测技术有紫外-可见分光光度法（UV）、原子吸收分光光度法（AAS）、原子荧光光谱法（AFS）、电感耦合等离子体-原子发射光谱法（ICP-AES）、电感耦合等离子体-质谱法（ICP-MS，可测定多种元素及同位素），在形态分析上，常采用联用技术如 HPLC-ICP-MS、CE-ICP-MS。

（三）农药残留的检测

农药的大量使用有效提高了农作物产量，同时也引起了严重的环境污染问题。全球每年至少有数百万吨的农药喷洒到自然环境。喷洒到农作物上的农药，仅有 10%～20%附着在农作物上，约 5%～30%挥发到空气中，其余约 40%～60%的农药流失在地面渗入土壤中。附着于农作物表面及渗入土壤的农药，一部分被农作物吸收，一部分残留在农作物表面，其余大部分被风吹雨淋冲刷到地下或流入江、河、湖、海，从而造成环境中农药残留问题。农作物表面的农药，绝大部分因多种原因而转化，但作物内会残留有极少量的农药。长时间摄食残留农药会影响人体的健康，这就是农药残留量问题的由来。具体说来，农残是指使用农药后，残存在植物、土壤和环境中的农药及其有毒代谢物。

化学农药是一类复杂的有机化合物，根据其用途可以分为杀虫剂、杀菌剂、除草剂、植物生长调节剂、杀螨剂、杀鼠剂、杀线虫剂。根据化学结构又可分为有机氯、有机磷、有机氮、有机硫、拟除虫菊酯、氨基甲酸酯等。常用的主要有有机磷、有机氯、氨基甲酸酯类、拟除虫菊酯等四类。

1. 有机磷类

敌敌畏、甲拌磷、乐果、对氧磷、对硫磷、喹硫磷、伏杀硫磷、敌百虫、氧化乐果、磷胺、甲基嘧啶磷、马拉硫磷、辛硫磷、亚胺硫磷、甲胺磷、地亚农、甲基毒死蜱、毒死蜱、倍硫磷、杀扑磷、乙酰甲胺磷、巴胺磷、甲基对硫磷、杀螟硫磷、异柳磷、乙硫磷等。

2. 有机氯类

α-666、β-666、γ-666、δ-666、异菌脲、五氯硝基苯、氯丹、乙烯菌核利、三氯杀螨醇、七氯、氯硝胺、百菌清、粉锈宁等。

3. 氨基甲酸酯类

涕灭威砜、涕灭威亚砜、灭多威、3-羟基呋喃丹、涕灭威、呋喃丹、甲萘威、叶蝉散、仲丁威、速灭威等。

4. 拟除虫菊酯类

四溴菊酯、氯氟氰菊酯、氯氰菊酯、七氟菊酯、氰戊菊酯、氯菊酯、氯菊酯等。

目前，实验室定性定量检测包括单残留检测分析和多残留检测分析，多残留检测分析又分为单类型多残留检测分析、多类型多残留检测分析和未知样本农药多残留检测分析。由于分析样品用药历史的未知性，即污染源的未知性和样品种类的多样性，农产品农药残留检测分析以后两种为主。检测主要包括两大类技术，即色谱质谱技术和光谱技术。

利用色谱质谱技术定性定量检测：包括利用气相色谱仪、液相色谱仪、气相色谱仪、液相色谱仪与质谱仪联用等的定性定量检测，该法是目前农产品质量检测机构实验室中主要应用的农药残留检测方法。

利用光谱技术定性定量检测：主要指利用紫外或可见分光光度计或红外或近红外光谱仪检测农药残留，目前不常应用，紫外、可见分光光度计主要应用于特定的某一种农药（如多菌灵）的检测，以及快速检测用，红外、近红外光谱仪用于农药残留的检测目前主要处于研究阶段。

定性定量检测的优点：既能定性也能定量，灵敏度高，其中气-质联用或液-质联用定性定量功能更强大。缺点：分析时间长，不能满足即时检测的需要；仪器昂贵，且检测成本高；不方便，仪器设备对环境要求高；技术复杂，必须由专业人员操作。

第四节 农业信息技术

一、农情信息分析

农情信息分析是世界各国把握农业生产动态、调控农业生产过程、确保农业稳定供给的重要手段。我国是发展中的农业大国，农情信息分析工作是我国各级政府和农业主管部门的重要职能之一，为我国农业的稳定发展发挥了重要作用。

（一）农情信息的概念

农情信息是"三农"信息的重要组成部分。狭义的农情信息是指农业生产动态情况，主要内容是对粮食作物的种植意愿、播种进度、播种面积、作物长势、灾害影响、产量预测等生长过程进行系统监测。狭义的农情信息主要关注种植业生产过程中的农业可用资源和环境、农作物生长过程和生产动态、农作物受灾情况及其影响等信息。

（二）农情信息分类

结合广义的农业概念和广义的农情定义，农情信息按农业部门划分，包括种植业农情信息和养殖业农情信息两大类。

1. 种植业农情信息

种植业农情信息主要指狭义的农情信息。种植业农情信息的对象包括三大类：以水稻、小麦、玉米、大豆等为代表的粮食作物农情信息；以油菜、花生、棉花、麻类等为代表的油料和经济作物农情信息；以蔬菜、水果等为代表的园艺作物农情信息。

根据种植业自然再生产与经济再生产交织过程的生产特点，种植业农情信息内容由农作物生产信息、农作物灾情信息和农作物产量信息3部分组成。

（1）农作物生产信息

农作物生产信息主要包括农户种植计划信息、农作物种植面积信息、种植结构信息、作物长势信息等内容。其中，农作物种植面积信息和作物长势信息是重点内容。农作物生产信息过去主要采用统计报表层层上报的方式获得，现在通过网络传送、手机短信发送等方式直接上报获取。

（2）农作物灾情信息

农作物灾情信息包括自然灾害信息和病虫害信息两种。其中，自然灾害信息的类型主要包括旱灾、涝害、风灾、雪灾、冰灾、霜冻、沙尘暴等。病虫害信息根据不同作物而类型不同，如棉花的病害信息主要包括立枯病、枯萎病、黄萎病、炭疽病等，虫害信息主要包括棉铃虫、棉蚜、棉盲蝽、棉红蜘蛛、棉蓟马等。过去农作物灾情信息主要通过抽样调查方法获得，现在借助农情遥感和各种传感器获取。

（3）农作物产量信息

农作物产量信息分为农作物单产信息和农作物总产量信息。其中，农作物单产信息主要包括趋势单产信息和气象单产信息。农作物总产量是在农作物种植面积和单产信息分析的基础上计算得到的。

2. 养殖业农情信息

养殖业农情信息包括畜牧养殖业农情信息和水产养殖业农情信息。其中水产养殖业农情信息又分为淡水养殖业农情信息和海水养殖业农情信息两部分内容。

畜牧养殖业农情信息对象包括生猪、肉鸡、蛋鸡、奶牛、肉牛、肉羊等；

淡水养殖业农情信息对象包括草鱼、鲢鱼、鲤鱼、鲫鱼、青虾、白虾、克氏螯虾等淡水鱼虾类；海水养殖业农情信息对象包括带鱼、大黄鱼、罗非鱼、基围虾、毛虾、大明虾、竹节虾等海水鱼虾类。

根据养殖业扩大再生产同各类畜禽、水产品的育龄（月龄）结构比例有十分密切关系的特点，养殖业农情信息内容包括养殖生产信息、养殖疫情信息和养殖产量信息3部分。

（1）养殖生产信息

养殖生产信息主要包括生产信息、育龄结构信息、品种结构信息、空间结构信息等内容。其中生产信息统计推算和育龄结构信息是养殖生产信息的重点内容。养殖生产信息过去主要通过统计调查获得，通常采用统计报表和抽样调查相结合的方法。目前，电子耳标、条码、射频识别（RFID）等监测设备开始被运用。

（2）养殖疫情信息

养殖疫情信息主要包括某种畜禽或水产品疫病发生的时间分布、地区分布、品种分布、发病的死亡率以及引起疫病的相关病学因素等内容。其中疫病地区分布及发病死亡率是疫情信息的重要内容。养殖疫情信息的监测过去主要采用样本检测法和法定收集法，现代疫病监测主要通过疫病立体防控网络监测和疫病数字化模拟监测两种方式。

（3）养殖产量信息

养殖产量信息主要包括出栏数量（成品数量）、单位产品产量和总产量等内容。其中，出栏数量（成品数量）主要通过层层统计或统计推算获得，单位产品产量主要通过农户调查或历史序列数据获得，总产量可以在出栏数量（成品数量）和单位产品产量分析的基础上计算得到。

二、农业大数据基本知识

（一）什么是大数据

1. 大数据的定义

大数据是指无法在一定时间内用常规软件工具对其内容进行抓取、管理和处理的数据集合。大数据技术，是指从各种各样类型的数据中，快速获得有价值信息的能力。适用于大数据的技术，包括大规模并行处理（MPP）数据库、数据挖掘电网、分布式文件系统、分布式数据库、云计算平台、互联网和可扩展的存储系统。

2. 大数据的特点

一是数据体量巨大；二是数据类型多样；三是处理速度快；四是价值密度低。

3. 大数据的作用

第一，对大数据的处理分析正成为新一代信息技术融合应用的节点；第二，大数据是信息产业持续高速增长的新引擎；第三，大数据利用将成为提高核心竞争力的关键因素；第四，大数据时代科学研究的方法手段将发生重大改变。

（二）大数据的分析

大数据不断增长的复杂性让大数据的分析方法在大数据领域显得尤为重要，可以说是决定最终信息是否有价值的决定性因素。基于如此的认识，大数据分析普遍使用的方法理论主要有如下几种：

1. 可视化分析

大数据分析的使用者有大数据分析专家，同时还有普通用户，但是他们二者对于大数据分析最基本的要求就是可视化分析，因为可视化分析能够直观地呈现大数据的特点，同时易于被读者接受，就如同看图说话一样简单明了。

2. 数据挖掘算法

大数据分析的理论核心就是数据挖掘算法，各种数据挖掘的算法基于不同的数据类型和格式才能更加科学地呈现出数据本身具备的特点，正是因为这些被全世界统计学家所公认的各种统计方法，用户才能深入数据内部，挖掘出公认的价值，也是因为有这些数据挖掘的算法，才能更快速地处理大数据。如果一个算法得花上好几年才能得出结论，那大数据的价值也就无从说起了。

3. 预测性分析

大数据分析最重要的应用领域之一就是预测性分析，从大数据中挖掘出特点，通过科学地建立模型，之后便可以通过模型带入新的数据，从而预测未来的数据。

4. 语义引擎

非结构化数据的多元化给数据分析带来新的挑战，因此我们需要一套工具系统地去分析、提炼数据。语义引擎需要被设计成能够从"文档"中智能提取信息。这样有利于解决由于数据多元化带来的结果的不准确性。

5. 数据质量和数据管理

大数据分析离不开数据质量和数据管理，高质量的数据和有效的数据管理，无论是在学术研究还是在商业应用领域，都能够保证分析结果的真实和有价值。

大数据分析的基础就是以上五个方面，当然，若更加深入大数据分析，还有很多更加有特点的、全面的、专业的大数据分析方法。

（三）农业大数据的概念

农业大数据作为大数据的重要分支，是大数据理论、技术、方法在农业领域中的专业化实践和应用。

农业大数据是指运用大数据理念、技术和方法，解决农业或涉农领域数据采集、存储、计算与应用等一系列问题，是大数据理论和技术在农业上的应用实践。

结合农业本身特点以及农业全产业链切分方式，农业大数据可以分为农业环境与资源大数据、农业生产大数据、农业市场和农业管理大数据 3 类，涉及农资、育种、耕地、播种、灌溉、施肥、防治病虫害、收获、仓储、农产品加工、农产品物流、销售、畜牧业生产管理等内容，贯穿整个农业生产管理、消费过程中的各个环节，这 3 类数据基本囊括了农产品从产到销的全过程。

由于农业自身具有复杂性和特殊性，农业数据必将从结构化的关系型数据向半结构化和非结构化数据类型转变。相对于二维表格逻辑表达的关系型数据，农业领域更多的是非结构化数据，如文字、图表、图片、动画、语音和视频等形式的超媒体要素以及专家的经验、知识和农业模型等。

农业大数据应用，依托部署在农业生产现场的各种传感节点（环境温湿度、土壤水分、二氧化碳、图像等）和无线通信网络，完成农业大数据采集、传输、存储、处理等环节的数据管理，结合大数据分析挖掘技术，最终实现农业生产环境的智能感知、智能预警、智能决策、智能分析、专家在线指导，为农业生产提供精准化种植、可视化管理、智能化决策。

（四）大数据在农业中的应用

1. 大数据加速作物育种

传统的育种成本往往较高、工作量大、花费久，大数据的应用可以加快此进程。

过去的生物调查习惯在温室和田地进行，而现在的生物调查已经可以通过计算机运算进行了，海量的基因信息流可以在云端被创造和分析，同时进行假设验证、试验规划、定义和开发。在此之后，只需要有相对很少的一部分作物经过一系列的实际大田环境验证，这样，就可以高效确定品种的适宜区域和抗性表现。这项新技术的发展不仅有助于低成本、快速地决策，而且能探索很多以前无法完成的事。

此外，大数据分析有利于助力生物工程研究出具有抗旱、抗药、抗除草剂的作物，从而进一步提高作物质量，减少经济成本和环境风险。

2. 预测市场需求

在网络中，我们会看到或听到农户农产品滞销、瓜果蔬菜贱卖或烂在地里的新闻，其真实原因归结为市场供需问题。如果能把农业产销市场中的数据汇总起来，指导合理生产，实现"供需平衡"并非难事。

3. 以数据驱动的精准农业操作

现代农业通过遥感卫星和无人机可以管理地块和规划作物种植适宜区，预测气候、自然灾害、病虫害、土壤墒情等环境因素，监测作物长势，指导灌溉和施肥，预估产量。随着 GPS 导航能力和其他工业技术的提高，生产者可以跟踪作物流动，引导和控制设备，监控农田环境，精细化管理整个土地的投入，大大提高了生产力和盈利能力。数据本身并不能创造价值，只有通过有效分析，才能帮助种植者做出有效决策。

4. 大数据实现农产品可追溯

农业大数据技术平台可以追踪农产品从田间到餐桌的每一个过程。RFID 标签可以记录农资和食品生产过程中的各种信息，如产品 EPC 信息、出货信息等。在流通环节中工作人员可以验证上一环节的信息，并将新的信息，如物流企业信息、车辆信息、出发地、目的地、货物批次信息等写入 RFID 标签和中心数据库中，使信息能够传递到供应链的下一环节。在销售环节中，工作人员验证上一环节信息，并将销售信息、出货/进货等信息写入 RFID 标签和中心数据库中。在消费者环节中，消费者通过互联网或者手机拍摄农资小包装上的二维码图片，并将其发送到后台，查询该商品的整个流通信息，从而验证商品的真实性。

5. 加强农业环境监测

农业大数据可以通过传感器检测农作物的生产环境从而感知农作物的生产。农业大数据采集农作物生长环境中的各项指数数据，再把这些采集的数据放到本地或云端的数据中心，从而分析农业生产的历史数据和实时监控数据，提高对作物种植面积、生产进度、农产品产量、天气情况、气温条件、灾害强度和土壤度的关联监测能力。

6. 拉动农业产业链

现代农业通过利用农业大数据，实行产加销一体化，将农业生产资料供应，农产品生产、加工、储运、销售等环节链接成一个有机整体,并组织、协调和控制农业中的人、财、物、信息、技术等要素的流动,以期获得农产品价值的增值。打造农业产业链条,不但有利于增强农业企业的竞争能力,增加农民收入,推动产业结构调整,而且有助于农产品的标准化生产和产品质量安全追溯制度的实行。

7. 加强农业技术指导

现代农业通过大数据技术,集合病虫害防治、土地科学施肥、农资溯源、大棚监控等多学科技术的应用,利用联通 4G 网络,指导农业用户在实际生产中的具体操作。农业大数据是农业用户迫切需要的应用系统。

第五节 农业生态与环境保护

一、绿色生产方式

(一)绿色生产的概念

绿色生产(green production)是指以节能、降耗、减污为目标,以管理和技术为手段,实施工业生产全过程污染控制,使污染物的产生量最少化的一种综合措施。按照有利于生态环境保护的原则来组织生产过程,创造出绿色产品,以满足绿色消费。

(二)生态种植知识

生态种植是指在保护、改善农业生态环境的前提下,遵循生态学、生态经济学规律,运用系统工程方法和现代科学技术集约化经营的农业发展模式。生态种植是一个生态经济复合系统,将种植生态系统同种植经济系统综合统一起来,以取得最大的生态经济整体效益。这也是农、林、牧、副、渔各业综合起来的大农业,又是农业生产、加工、销售综合起来,适应市场经济发展的现代农业。通过提高太阳能的固定率和利用率、生物能的转化率、废弃物的再循环利用率等,促进物质在农业生态系统内部的循环利用和多次重复利用,以尽可能少的投入,求得尽可能多的产出,并获得生产发展、能源再利用、生态环境保护、经济效益等相统一的综合性效果,使农业生产处于良性循环中。

1. 科学施肥

第一,使用牲畜的粪便肥料。在使用此类肥料的过程中,应当合理开展管理工作,保证肥料施加科学性,提升其工作效率。例如:猪粪肥料中含有较高成分的钾元素、磷元素、氮元素等,在腐熟之后,有利于农作物的生长。且此类肥料在一定程度上,适合应用在各种类型的土壤中,能够全面优化农作物的生长机制。对于牛粪肥料而言,其养分的含量较低,在实际使用期间,应当先对其进行晾晒处理,然后加入少量的草木灰,以便于提高牛粪肥料的养分。

第二,科学使用绿肥。此类肥料能够全面增加土壤中的养分,更好地转化土壤难以溶解的养分，有利于农作物对其进行全面吸收。在一定程度上，还能改善土壤的物理化形状，加快土壤微生物活动速度，以便于开展管理工作。在施加绿肥的过程中，应当根据农作物的实际生长需求，对肥料的种类与数量进行控制，一般情况下，应当将绿肥的肥量控制在1300千克/亩左右，保证可以满足农作物的实际生长需求。在此期间，不可以过量施加绿肥，避免出现晚熟的现象。

第三，沤肥。此类肥料在使用之前，应当将农作物秸秆与绿肥等融合在一起，然后添加在牲畜的粪尿中，在堆积一段时间之后，通过腐熟作用成为有机肥。通常情况下，人们会将此类肥料作为底肥，对其进行全面的处理。

在施加化肥的过程中，应当对其使用量与平衡性进行严格控制，在保证使用效果的情况下，科学管理化肥的施加方式，制定完善的处理机制，逐渐优化其发展体系，满足当前实际处理需求。具体措施包括以下几点：

第一，科学控制施肥量。相关部门应当对施肥量进行严格的控制，保证可以符合相关规定。严格控制化肥的使用量，不仅可以规避土壤板结问题，还能减少破坏性影响，全面降低其中生物的活性，利用科学的方式，对其进行处理。同时，化肥中的无机盐成分含量较高，如果施加的用量过高，将会在少雨季节出现土壤碱化现象，不能保证农作物质量。

第二，严格控制施肥平衡性。在对施肥工作进行管理的过程中，不可以出现盲目处理的现象，应当制定因地制宜的管控机制，在施肥之前，必须全面了解土壤中的各类缺陷情况，利用先进的检测技术对其进行处理，以便于掌握土壤肥料的使用要求，提高化肥利用率，合理对其进行调配，达到科学施肥与管理的工作目的。

2. 绿色防控

从整体上来看，绿色防控是指从农田生态系统整体出发，以农业防治为基础，积极保护和利用病虫自然天敌，恶化其生存条件，提高农作物抗虫能力，在必要时合理地使用化学农药，将病虫危害损失降到最低限度。它是持续控制病虫灾害，保障农业生产安全的重要手段。

通过推广应用生态调控、生物防治、物理防治、科学用药等绿色防控技术，以达到保护生物多样性，降低病虫害暴发几率的目的，同时它也是促进标准化生产、提升农产品质量安全水平的必然要求，是降低农药使用风险、保护生态环境的有效途径。

（1）生态调控技术

重点采取推广抗病虫品种、优化作物布局、培育健康种苗、改善水肥管理等健康栽培措施，并结合农田生态工程、果园生草覆盖、作物间套种、天敌诱集带等生物多样性调控与自然天敌保护利用等技术，改造病虫害发生源头及孳生环境，人为增强自然环境的控害能力和作物抗病虫能力。

（2）生物防治技术

重点推广应用以虫治虫、以螨治螨、以菌治虫、以菌治菌等生物防治关键措施，加大赤眼蜂、捕食螨、绿僵菌、白僵菌、微孢子虫、苏云金杆菌（BT）、蜡质芽孢杆菌、枯草芽孢杆菌、核型多角体病毒（NPV）、牧鸡牧鸭、稻鸭共育等成熟产品和技术的示范推广力度，积极开发植物源农药、农用抗生素、植物诱抗剂等生物生化制剂应用技术。

（3）理化诱控技术

重点推广昆虫信息素（性引诱剂、聚集素等）、杀虫灯、诱虫板（黄板、蓝板），积极开发和推广应用植物诱控、食饵诱杀、防虫网阻隔和银灰膜驱避害虫等理化诱控技术。

（4）科学用药技术

推广高效、低毒、低残留、环境友好型农药，优化集成农药的轮换使用、交替使用、精准使用和安全使用等配套技术，加强农药抗药性监测与治理，普及规范使用农药的知识，严格遵守农药安全使用间隔期。通过合理使用农药，最大限度降低农药使用造成的负面影响。

（三）生态养殖知识

生态养殖简称 ECO（eco-breeding），指根据不同养殖生物间的共生互补原理，利用自然界物质循环系统，在一定的养殖空间和区域内，通过相应的技术和管理措施，使不同生物在同一环境中共同生长，实现保持生态平衡、提高养殖效益的一种养殖方式。它强调了生态养殖的基础是根据不同养殖生物间的共生互补原理；条件是利用自然界物质循环系统；结果是通过相应的技术和管理措施，使不同生物在一定的养殖空间和区域内共同生长，实现保持生态平衡、提高养殖效益。

1. 畜禽生态养殖技术

畜禽生态健康养殖，是指根据养殖对象的生物学特性，运用生态学、营养学原理来指导生产，为养殖对象营造一个良好的、快速生长的生态环境，提供充足的全价营养饲料，使其在生长发育期间最大限度地减少疾病发生，畜禽个体健康，产品无污染，并对养殖环境无污染，实现养殖生态体系的平衡。

（1）综合利用型养殖方式

① 畜禽—粪便加工—有机肥。该养殖模式主要将养殖企业中的粪便这一污染物变废为宝，通过现代加工工艺处理，最终成为农作物、苗木花卉的肥料。特点：设备起点高、技术新、用工少、自动化程度高，从根本上解决了地区性过剩和季节性用肥的矛盾；但投资较大，对肥源分散的地区推广有一定难度。

② 畜禽粪污—沼气—林果蔬—鱼。本养殖模式主要是通过微生物发酵，将猪养殖过程中产生的粪水变成沼气。

③ 粪便—蛆、蚯蚓—畜禽。该模式主要是指畜禽的粪便经过短期的发酵，供蛆、蚯蚓生长繁殖，其养殖的蛆、蚯蚓可作为高蛋白的动物性饲料用于畜禽的养殖。

（2）种养结合型养殖方式

通过大田作物与畜禽养殖结合，将田间的草、秸秆等饲喂鹅、牛、羊等，既充分利用现有资源，又节约养殖成本，且畜禽的粪便又可作为有机肥提高田间作物的产量，是一种经济实惠的养殖模式。这一模式以散养、中小规模为主。

（3）发酵床养殖技术

基本的技术原理是以木屑为发酵床主要垫料，接种优势菌种发酵降解畜禽粪便，创设一个以益生菌为优势菌群的畜禽生长环境。该技术最先起源于日本民间，后传到韩国，目前，在我国的辽宁、山东养猪场试验推广。

2. 水产生态养殖技术

在我国许多地区，水产品的养殖技术长期以来采用淡水养殖模式，遵循传统的人工养殖方式。这种养殖模式只注重养殖规模和数量的大小，不注重水产品品种和质量。传统的人工养殖存在的缺陷极多，在传统养殖技术的制约下，会导致生态环境污染且成本极高，不能满足现今生产生活的需要。随着人们对食品安全的重视，生态养殖技术应运而生。生态养殖技术既可以确保水产品的质量和产量，又保护了生态环境，利用循环技术使资源得到了最有效的利用，解决了传统养殖操作不便的问题。生态养殖利用机器设备等对水产品进行科学化的养殖，在一定程度上解放了人的双手，大大降低人力成本。同时科学合理的生态养殖降低了对环境的污染程度，促进了水产养殖的可持续性发展，提高了水产品食用的安全性。

3. 种养循环技术

"鱼稻共生"的生态养殖技术一般是在水稻种植区和水产养殖区进行的。该生态养殖模式在区域划分上一般是以"田"字型格式呈现。这种养殖模式是在固定的区域内进行养殖和种植，将水产品和水上农作物紧密结合在一起，二者相辅相成，共同生长。这种模式的好处在于水上农作物能为水产品提供生长必要的养分，而水产品的排泄物也可以作为水上农作物的肥料，除了节省养殖户的投资成本以外，还能实现二者的和谐共生，提高收益。

二、农业废弃物综合利用知识

（一）农业废弃物

农业废弃物也称农业垃圾，是农业生产和再生产链环中资源投入与产出物质和能量的差额，是资源利用中产出的物质能量的流失份额。按其成分，主要包括植物纤维性废弃物和畜禽粪便两大类。具体来看，农业废弃物可分为四个部分：

① 农田和果园残留物，如秸秆、残株、杂草、落叶、果实外壳、藤蔓、树枝和其他废物；
② 牲畜和家禽粪便以及栏圈铺垫物等；
③ 农产品加工废弃物；
④ 人粪尿以及生活废弃物。

（二）秸秆综合利用

农业秸秆可制取沼气和成为农用有机肥料，也是饲养牲畜的粗饲料和栏圈铺垫料。将禽畜粪便和栏圈铺垫物，或将切碎的秸秆混掺以适量的人畜粪尿作高温堆肥，经过短期发酵，可大量杀灭人畜粪便中的致病菌、寄生虫卵和各种秸秆中隐藏的植物害虫以及各种杂草种籽等，然后再投入沼气池，进行发酵，产生沼气。这种处理方法既能提供沼气燃料，又可获得优质有机肥料；粪肥经过密封处理，还可以防止苍蝇孳生。因此，该处理方法在中国农村已经广泛应用，并受到世界各国的重视。蚯蚓含蛋白质丰富，是家禽、鱼类的优质饲料，蚯蚓粪是综合性的有机肥料，故可以把农业秸秆、禽畜粪便及其铺垫物作为蚯蚓食料，推广蚯蚓人工养殖业。

我国农村地区秸秆焚烧问题由来已久，秸秆焚烧给人们的生活和经济的正常运行带来了严重的困扰，已经成为社会的一大顽疾。为解决能源危机、减轻环境污染、保护生态环境，开发利用农作物秸秆尤为重要，购置秸秆机械、开发实用技术，推动秸秆综合利用工作，提高综合利用率,力促农村节能减排、农业增收、农民增效。这既解决了秸秆焚烧带来的危害,保护了森林资源,也大大改善了人民群众的生活。

1. 机械化秸秆还田

秸秆还田的方法有两种:一种是用机械将秸秆打碎,耕作时深翻严埋,利用土壤中的微生物将秸秆腐化分解。另一种秸秆回田的有效方法是将秸秆粉碎后,掺进适量石灰和人畜粪便,让其发酵,在半氧化半还原的环境里变质腐烂,再取出肥田使用。

2. 过腹还田

过腹还田是将秸秆通过青贮、微贮、氨化、热喷等技术处理,有效改变秸秆的组织结构,使秸秆成为易于家畜消化、口感性好的优质饲料。

3. 培育食用菌

将秸秆粉碎后,与其他配料科学配比用作食用菌栽培基料,可培育木耳、蘑菇、银耳等食用菌,能有效地解决近几年食用菌生产迅猛发展与棉籽壳供应不足的矛盾。育菌后的基料经处理后,仍可作为家畜饲料或作肥料还田。

4. 制取沼气

稻草秸秆等属于有机物质,是制取沼气的好材料。我国的北方、南方都能利用,尤其是南方地区,气温高,利用沼气的季节长。制取沼气可采用厌氧发酵的方法。此方法是将种植业、养殖业和沼气池有机结合起来,利用秸秆产生的沼气做饭和照明,沼渣喂猪,猪粪和沼液作为肥料还田。此种方式是生态农业良性循环的良好模式,它适应了现代化农村发展的需求,受到农民群众的热烈欢迎。

5. 用作工业原料

农作物秸秆中均包含纤维素、半纤维素和木质素,其中,纤维素可用作造纸的原料,还可以用作压制纤维木材,能弥补木材资源的不足,减少木材的砍伐量,提高森林覆盖率,使生态环境向良性发展;半纤维素可以制取木糖、糠醛等基础化工产品,并可进一步加氢生产木糖醇、糠醇等产品。木糖醇广泛应用于食品工业,是糖尿病人的福音,糠醇是一种树脂的主要原料,在铸造、防腐等行业有大量应用。

6. 用于生物质发电

秸秆中含有大量的木质素,其低位发热值较高,既可以秸秆直接焚烧或者将秸秆同垃圾等混合焚烧发电,还可以气化发电。秸秆是一种很好的清洁可再生能源,每两吨秸秆的热值就相当于一吨标准煤,其平均含硫量只有 3.8‰,而煤的平均含硫量约达 1%,生物质的再生利用过程中,排放的 CO_2 与生物质再生时吸收的 CO_2 达到碳平衡,具有 CO_2 零排放的作用,有利于缓解温室效应问题。

(三)畜禽粪便资源化利用

近年,畜禽养殖业的迅速发展既丰富了城乡居民的"菜篮子",又促进了国民经济发展。

但是，由于畜禽粪便无害化和资源化处理工作滞后，造成环境污染问题日益突出。畜禽粪便中富含有机质和一定量的氮、磷、钾等成分，是很好的有机肥料来源，如不对畜禽粪便进行处理，不仅污染环境、传播疾病，而且造成资源的浪费。因此，对畜禽粪便进行无害化和资源化处理十分重要。

1. 畜禽粪便的饲料化技术

畜禽粪便作饲料是畜禽粪便资源化利用的重要途径。畜禽粪便中所含氮素、矿物质、纤维素等，是能取代饲料中某些营养成分的物质。

（1）直接用作饲料

这种方法主要适用于鸡粪。由于鸡的肠道短，吃进的饲料消化利用不充分，饲料中70%左右的营养物质未被消化吸收就排出体外。因此，可利用鸡粪代替部分精料来养牛、喂猪。

（2）青贮法（无氧发酵法）

青贮发酵是一种简便易行且经济效益较高的固体有机废弃物的处理方法。畜禽粪便中碳水化合物的含量低，不宜单独青贮，常和一些禾本科青饲料一起青贮。青贮的饲料具有酸香味，可以提高其适口性，同时可杀死粪便中病原微生物、寄生虫等，这种方法经济可靠。

（3）干燥法

脱水干燥法利用高温使粪便中的水分迅速减少，不仅能更好地保存其中的营养物质，而且可以大大减少微生物数量，无臭气，也便于运输和储存。干燥法以鸡粪的处理使用最多，也是常用的处理方法。具体方法有自然干燥法、塑料大棚自然干燥法、高温快速干燥法、烘干法等。干燥法处理粪便的效率最高，而且设备简单、投资小。

（4）分离法

目前，许多牧场采用冲洗式清洗系统（尤其是猪场），收集的粪便大多是液体或半液体。采用分离法就是选用一定的冲洗速度进行筛选，将畜禽粪便中的固体部分和液体部分分开，可以获得满意的结果。

（5）需氧发酵法

需氧发酵法是利用好氧微生物发酵分解粪便，产生单细胞蛋白，可制成适合单胃动物的饲料，氧化池混合液可作为动物饮用水。该方法投资少，改变了粪便本身的许多特点，产品适宜作动物饲料。在处理过程中，需要充气、加热、产品干燥，所以消耗大量的能源。

（6）分解法

分解法是利用优良品种的蝇、蚯蚓和蜗牛等低等动物分解畜禽粪便，达到既提供动物蛋白质，又能处理畜禽粪便的目的。这种方法比较经济，生态效益显著。

2. 畜禽粪便的肥料化技术

由于粪肥中的碳、氮比值高并含有机磷，且不宜被土壤固定，因此，畜禽粪便用作肥料，既可以解决废弃物的出路问题，又可以起到改良和培肥土壤的效果，是较理想的处置方法。

（1）堆肥技术

堆肥是粪便在微生物的作用下，使有机物矿质化、腐殖化和无害化而变成肥力更好的腐熟肥料的过程。堆肥可分为好氧堆肥和厌氧堆肥。好氧堆肥是在通气条件下借助好氧微生物活动使有机物得到降解，由于好氧堆肥的温度在 50~60 ℃，极限温度 80~90 ℃，所以又称为高温堆肥；厌氧堆肥是利用微生物发酵造肥，所需时间较长。

（2）复合肥技术

复合肥技术将高温堆肥产品经过杀灭病原菌、虫卵和杂草种子等无害化处理和稳定化处理后，与经粉碎后的氮肥、磷肥、钾肥等化肥混合，经筛分、干燥可制成颗粒化复合肥。颗粒化复合肥具有能同时提供多种营养成分、养分均衡、施用方便、便于运输等特点。

（3）厌氧消化技术

厌氧消化技术实质上就是沼气池技术，在35 ℃时，禽畜粪便厌氧发酵得到的沼渣可以用于制作无害化有机复合肥或配制添加剂，沼液还可以作为高效的营养液应用于无土栽培，达到较好的综合利用和无公害栽培的效果。

第六节　涉农产品销售新技术

农产品季节性强，保质期短，一旦滞销将面临巨大的损失。那么，农产品如何能在短期内实现变现？如何解决滞销问题呢？随着互联网技术的发展，互联网电商发展迅速，借助新媒体平台的新的销售技术随之诞生，而这一技术也助长了农产品销售新技术的出现。

一、新媒体的概念、类型

（一）新媒体的概念

相对于报纸、杂志、电视等传统媒体而言，新媒体是一个动态变化的概念，指基于互联网技术、通信技术等信息传播术，采用新的媒介经营模式，实现个性化、互动化、精准化的传播，开创新的媒体内容与表现形式、创造新的媒体用户体验的现代媒体类型。新媒体具有依托网络技术，以互动性为核心，以平台化为特色，以人性化为导向等特点。

（二）新媒体的类型

新媒体的类型随着新的互联网产品和服务的诞生层出不穷，其界定方法也变得越来越模糊。当前的新媒体大致分为三大阵营九类平台，如表3-1所示。

表3-1　新媒体的三大阵营九类平台

新媒体 三大阵营九类平台	第一阵营	微信平台 微博平台
	第二阵营	直播平台 视频平台 音频平台
	第三阵营	自媒体平台（除微信、微博外） 知识问答平台 论坛平台

二、新媒体平台功能定位

（一）微信平台

在微信平台上，企业常用的新媒体资源和工具包括：微信公众平台、微信群及微信朋友圈。

1. 微信公众平台

利用微信公众平台账号进行新媒体营销活动，简单来说就是进行一对多的媒体行为活动，如商家通过微信公众服务号二次开发展示商家微官网、微会员、微推送、微支付、微活动、微报名、微分享、微名片等，已经形成一种主流的线上线下微信互动营销模式。

微信公众号按照功能定位可分为以下几个主要类别：

① 客户服务类。客户服务类公众号依托目前微信公众平台的各种开放接口，集成企业的 CRM（Customer Relationship Management，客户关系管理）系统，变成微信端的 CRM 以管理客户关系，每一个客户都相当于企业的会员。

② 品牌推广类。品牌推广类公众号更多的是用于打造品牌形象，向粉丝或者消费者传达公司的品牌理念和企业动态。粉丝对于品牌理念的认同会进一步吸引更多粉丝，引起粉丝共鸣，实现企业销售扩大与品牌知名度的提升。

③ 销售渠道拓展类。销售渠道拓展类公众号通过微信与微信支付的便捷性，打造一个纯销售或者促销信息整合的平台，这类公众号属销售的承载平台，比如水果、特产、减肥产品、美容产品与快销产品等，微信公众平台既是其销售的管理平台也是线上重要的传播渠道。

④ 媒体资讯发布类。媒体资讯发布类公众号目前数量占比相对较多，比如央视新闻、环球时报、第一财经周刊等，通过微信公众号实现最新资讯的发布，作为不同行业、不同领域深度文章的发布平台，内容相对具备即时性、真实性、深入性，适合打造为行业或个别领域内的资讯解读平台。

⑤ 个人自媒体类。个人自媒体类公众号吸引由个人原有影响力带来的忠诚读者、因为优质内容吸引而来的粉丝，还有被自媒体人的各种价值观所影响的追随者，这类公众号更多的是以个人魅力与发布优质原创内容为吸引点。自媒体账号并不适合企业来做，但是，可以尝试用自媒体的方式把企业的代表人物打造成为一个"网红"自媒体大号。

2. 微信群

微信群是用户社群运营和客户服务的载体，可以形成人脉圈效应。微信群的传播形式丰富，包括但不限于文字、图文、语音、视频、位置、名片、第三方应用等，具有移动互联网的创新性和有效性，打开频次更高，用户体验更佳。

微信群营销按功能定位体现出以下特点：

① 成本低。相对于动辄上千万投入的传统营销方式而言，微信群营销以其低成本、高回报的优势获得了众多企业的青睐。

② 够精准。微信群的功能定位就是告诉别人这个微信群是干什么的，每个微信群都有自己的作用，这个定位越具体、越细化，就越能够精准吸引目标用户。

③ 裂变快。裂变原理告诉我们，每一个微信群里，群成员之间都有着千丝万缕的关系，具有自裂变属性和社交属性。

3. 微信朋友圈

作为熟人社交中非常有代表性的一个圈子，你朋友圈的任何内容都来源于你的好友。大部分人都很放心地在朋友圈分享自己的日常生活，并且人们更愿意通过朋友圈去关注和了解亲朋好友的生活状态，这和微博这种开放式的社交平台完全不一样。

微信朋友圈按功能定位体现出以下特点：

① 私密性强，传播圈层封闭。由于微信的封闭属性，朋友圈的内容同样仅限于微信好友进行查看，传播圈层较为封闭，正好适合通过朋友圈实现快速传播和病毒营销。

② 信任度高，沟通有效性强。朋友圈实际上是一个熟人圈子，分享的意义和价值并不仅是与熟人间的感情交流，熟人的信任关系是人与人之间有效沟通甚至进行互惠互利的商务活动的优良土壤。

③ 形式多样，可扩展性好。朋友圈可以发布文字、图片、短视频以及链接等内容，好友通过分享就能实现引流，也可以方便地通过识别图片上的二维码来阅读更多内容。

（二）微博平台

微博是一种通过关注机制分享简短、实时信息的广播式的社交网络平台。用户可通过网络组建个人社区，以简短的文字公开发布信息并实现即时分享。因此可以将微博理解为一个基于用户关系进行信息分享、传播的社交平台。

微博平台按定位可分为以下类别：

1. 品牌推广型

该类型的微博定位于推广企业品牌，目的在于树立企业的品牌形象，例如宝马中国官方微博，主要发布宝马公司的重大新闻活动、新品发布等内容，通过微博传递企业品牌形象，提高企业知名度和美誉度。

2. 内容互动型

内容互动型微博的主要功能在于维系企业同粉丝、用户之间的关系，强化企业在消费者心中的形象。因而，该类型微博发布的主要内容是向用户传递关怀，突出企业的用户导向理念。

3. 业务销售型

从本质上说，企业开展微博营销的目的是盈利，因而还可将企业微博直接定位于产品销售或者服务购买，通过微博直接为企业带来经济收益。例如百丽电商官方微博主要发布产品促销活动信息，将微博作为企业产品销售的平台，通过微博促进产品的销售。

（三）直播平台

网络直播从产生之日起就以平民化的个性色彩进入网民的视界。随着网络技术和智能终端设备的普及，映客、花椒、一直播等新兴的移动直播平台不断涌现，移动直播开始兴起。各类网络红人、综艺节目、电商导购等直播活动层出不穷，如表3-2所示，直播进入泛娱乐化的3.0时代。企业要根据自己的产品属性和平台的流量、收入、运营能力来选择合适的平台。

表 3-2 网络直播平台分类

平台类型	主要平台
综合性平台	抖音、快手、小红书、微信、BiliBili 等
PC 游戏	斗鱼、虎牙、全民、火猫、龙珠等
手游	触手、斗鱼、虎牙、企鹅电竞、狮吼等
PC 秀场	YY、来疯、KK、网易 BOBO、花样、酷狗等
移动秀场	花椒、映客、一直播、陌陌、NOW 等
购物	京东、拼多多、淘宝、唯品会、蘑菇街、苏宁易购等
体育	PP 育、K 球直播、一比分等

各个网络直播平台在定位和直播内容上的特点如下：

① 实时互动性。用户能够即时参与互动，使用文字互动或视频连线互动，还能发送礼物支持喜爱的主播，从而加深参与感，提高集中度。

② 内容多样性。网络直播的内容多种多样，涵盖了几乎所有的领域，包括游戏、体育、音乐、美妆、教育、娱乐等。用户可以选择他们感兴趣的内容，而主播可以创造各种各样的内容满足不同的用户需求。

③ 传播范围广。网络直播的事件与话题性较强，可以轻松引起传播和关注。而且直播以视频作为媒介形式，便于二次传播和营销。

④ 精准营销。在各垂直细分领域进行的营销能够精准定位用户群体。

⑤ 商业潜力巨大。直播顺应网络广告市场移动、视频化的发展特点，更加贴近广告主及用户的口味。许多主播通过广告、赞助等方式获得收入，而一些品牌和企业也借助网络直播来推广产品和服务。

（四）视频平台

1. 长视频平台

网络视频行业，是指在互联网上提供免费或有偿视频播放、下载服务的行业。视频内容来源主要有用户上传原创内容、向专业影像生产机构和代理机构购买版权的内容以及网络视频企业自制内容三种主要渠道，涉及电影、电视剧、综艺节目、体育赛事等文化内容产品的生产与传播。经过多年的发展，中国网络视频行业格局已经初显，爱奇艺、腾讯视频、优酷、搜狐视频、凤凰视频、芒果 TV、风行、PP 视频等平台成为中国网络视频行业的中坚力量，bilibili、AcFun 等平台则凭借相对差异化的定位和内容品牌优势也获取了一定的市场份额。

2. 短视频平台

短视频用户规模保持强劲增长，用户获取与留存能力可观。主流短视频平台对比如表 3-3 所示。

表 3-3　主流短视频平台对比

App 名称	内容特点	用户标签
秒拍	娱乐性、感染力强	任意年龄段和性别的重度社交软件依赖者
美拍	明星类、搞笑类视频丰富	年轻女性、喜欢与他人分享自己生活的人
抖音	娱乐性、表演性强	乐于展示自我、标榜个性、渴望即时互动的年轻人
快手	娱乐性、草根性强	社交需求高、三线及以下城市、半熟人社区的中青年

（五）音频平台

音频平台，又名网络电台，是指通过网络向听众提供包括在线收听、下载、播客上传与简易信息聚合等多样服务的一种新型广播形态。随着智能手机、平板电脑等移动终端的普及，用户碎片化生活的习惯加深，以网络电台为代表的移动音频媒介迎来了爆发式增长，喜马拉雅、蜻蜓 FM、荔枝 FM、企鹅 FM 等一批移动网络电台的应用如雨后春笋般涌现，大量的电台主播、自媒体、出版商纷纷入驻，音频产业链的上下游被打通，以移动网络音频为平台的营销开始兴起。

通过音频平台开展营销活动，具有以下优势：
① 营销模式多样化，避免引起用户反感；② 通过大数据技术，实现精准营销；③ 用户反馈及时，广告效果易监测。

（六）其他平台

1. 知识问答平台

随着用户对知识的需求日益增长，知识问答型产品乘风而起，市场上竞争者众多，涉及范围广泛，从最早的大众化内容，到更加垂直深入的专业性知识，在某种程度上承担了部分科普与教育的功能。其中，有像维基百科、百度百科等图文形态的网络百科全书，还有知乎、新浪爱问等问答形态的知识平台。从内容上看，知识问答平台呈现出精品化、专业化的特征；从商业模式上看，也在广告、用户付费之外探索了更多的营销商业化路径。

2. 自媒体平台

在这个自媒体个人品牌时代，各大自媒体平台如潮水般涌来，各自具有鲜明的特点。新媒体人需要对主流自媒体平台的不同特点和差异有清晰的认识。除微信、微博之外还包括头条号、简书、企鹅媒体平台、百家号、大鱼号、搜狐号等自媒体平台。

3. 论坛平台

论坛是互联网时代生命力很强的产品，直到今天，其成熟度也是其他产品无法比拟的，如百度贴吧、豆瓣、金融和理财论坛等。论坛平台更加注重用户交互，可以进行回帖互动，更好地与用户沟通，有利于企业建立品牌知名度。

三、新媒体营销模式类型、特征

随着新媒体营销应用领域的不断开拓，当前出现了以下九种较为常见的营销模式，并具有鲜明特征。

（一）病毒营销

病毒营销是利用公众的积极性和人际网络，让营销信息像病毒一样传播和扩散，营销信息被快速复制传向数以万计、数以百万计的受众，像病毒一样深入人脑，快速复制，广泛传播，将信息短时间内传向更多的受众。

（二）事件营销

事件营销是通过策划、组织和利用具有新闻价值、社会影响以及名人效应的人物或事件，吸引媒体、社会团体和消费者的兴趣与关注，以求提高企业或产品的知名度和美誉度，树立良好的品牌形象，最终促成产品或服务销售的手段和方式。

（三）口碑营销

在这个信息爆炸的时代，消费者对广告、新闻等都具有极强的免疫能力，只有新颖的口碑传播内容才能吸引大众的关注与议论。口碑传播最重要的特征就是可信度高，一般情况下，口碑传播都发生在朋友、亲戚、同事等关系较为亲密的群体之间。

（四）饥饿营销

饥饿营销就是商家采取大量广告促销宣传，勾起顾客的购买欲，然后采取控制手段，让用户苦苦等待，结果反而更加刺激购买欲的营销方式，有利于其产品提价销售或为未来大量销售奠定客户基础。但需要注意的是，在市场竞争不充分、消费者心态不够成熟、产品综合竞争力不可替代性较强的情况下，这种方式才能较好地发挥作用；否则，就会产生负面效果。

（五）知识营销

知识营销是通过有效的知识传播方法和途径，将企业所拥有的对用户有价值的知识（包括产品知识、专业研究成果、经营理念、管理思想，以及优秀的企业文化等）传递给潜在用户，并逐渐形成对企业品牌和产品的认知，将潜在用户最终转化为用户的过程和各种营销行为。

（六）互动营销

互动营销的双方一方是消费者，一方是企业。只有抓住共同利益点，找到巧妙的沟通时机和方法，才能将双方紧密结合起来。互动营销尤其强调双方都采取一种共同行为。

互动营销的优势有：促进客户的重复购买；有效地支撑关联销售；建立长期的客户忠诚；能实现顾客利益最大化。将互动营销作为企业营销战略的重要组成部分来考虑，是未来许多企业新媒体营销的发展方向。

（七）情感营销

情感营销就是把消费者个人情感差异和需求作为企业品牌营销战略的情感营销核心，借助情感包装、情感促销、情感广告、情感口碑、情感设计、企业文化等策略来实现企业的经营目标。在情感消费时代，有时消费者购买商品所看重的已不是商品的数量、质量和价格，而是一种情感上的满足、心理上的认同。

（八）会员营销

会员营销是一种基于会员管理的营销方法，商家通过会员积分、等级制度等多种管理办法，增加用户的黏性和活跃度，持续延伸用户生命周期，并通过客户转介等方式，实现客户价值最大化。会员营销也是一种绑定消费者的手段，在新媒体营销中运用非常广泛。

（九）社群营销

社群营销是一种营销方式，旨在将顾客转化为品牌的粉丝，并进一步建立起朋友关系。它通过某种平台将具有相同或相似兴趣爱好，或存在一定利益关系的人聚集在一起，以满足不同群体的需求并实现产品销售和服务提供。

社群营销的平台广泛而多样，不仅限于网络，还包括线下的社区。而在线上，论坛、微信、微博、QQ群、贴吧、陌陌等平台都可以成为社群营销的场所。通过这些平台，企业与顾客可以建立起更紧密的关系。

社群营销模式所具备的特征主要有：独特的社群氛围，成员归属感强；多元化活动连接，成员凝聚力强；个体影响力很容易被放大；更有利于忠实粉丝的培养。

综合运用上述九种营销模式是新媒体营销的发展趋势。病毒营销、事件营销适用于品牌前期宣传。因为这两类营销方式影响范围广，更能抓住用户的注意力，让用户快速建立起对品牌的印象。情感营销、知识营销、会员营销、饥饿营销、口碑营销、互动营销更多用于品牌宣传的中后期。在用户对品牌建立了初步的认知度之后，情感营销可引起用户的共鸣；知识营销、口碑营销可增加用户对品牌的认可度；社群营销、会员营销、互动营销可增强用户与品牌的粘性。

本章小结

本章要求学生学习无土栽培的技术要求、基质的准备和营养液的配置，熟悉不同品种猪的特征和特性。此外，三产融合是农业的发展趋势，作为新型职业农民，必须要为农产品的加工作好准备。本章介绍了农产品的初、深加工，尤其是禾谷类、蔬菜和水果的初、深加工技术及其范围，更好地为农业产业化的延伸做好准备。民以食为天，食以安为先，本章还介绍了农产品质量安全相关知识，详细描述了农产品的主要污染物及其对应的检测方法；了解农情信息的分类，熟悉农业大数据的概念及应用；认识到通过绿色生产方式、畜禽生态养殖和农业废弃物利用技术，可以将日常农业生产中的秸秆和畜禽粪便进行无害化处理和资源化利用，践行"绿水青山就是金山银山"理念；同时，互联网电商发展迅速，引导学生了解农产品销售新技术。

复习思考

① 什么是无机营养无土栽培和有机生态型无土栽培？
② 无机营养无土栽培中的营养液配制前需要做哪些准备工作？
③ 请具体明说蔬菜深加工技术中热风干燥脱水法是如何进行的。
④ 果蔬中风味物质的检测分析技术有哪些？并详细说明该技术。
⑤ 请列举出农产品的主要污染物，并说明对应污染物应采取什么方法进行检测。
⑥ 请简述农业信息分析的流程。
⑦ 请简述畜禽粪便如何进行资源化利用。

第四章　农业经济组织经营管理

学习目标：

1. 知识目标

- 掌握管理的基本职能
- 掌握农产品追溯体系建设的四个措施
- 正确理解农产品品牌内涵
- 掌握农业金融知识
- 掌握信用合作知识

2. 技能目标

- 能用管理的理念观察、思考、分析问题
- 能够区分4个不同层次的农产品质量管理标准的定义
- 能分析具体某农产品如何展开追溯
- 能够运用市场营销的相关概念对农产品营销活动作分析
- 能区分不同的信用贷款
- 能区分不同类型的农业保险，并能进行农业保险签订

3. 素养目标

- 培养严谨求实、实事求是、追求质量安全的能力
- 培养勇于开创市场的坚韧毅力
- 培养品牌建设意识
- 培养普惠金融意识，端正合理借贷思维
- 培养农业保险意识，树立预防减灾思维

第一节　管理基本知识

一、管理的概述

（一）管理的含义

管理是指管理者通过环境分析来获取信息，发挥计划、组织、领导、控制和创新职能来权衡组织内部条件，分配、协调组织资源，以实现组织特定目标的一系列社会实践活动和过程。

管理普遍适用于任何类型的组织。因为任何组织都有特定的组织目标，都有其一定的资

源调配和利用问题，因此，也就有管理问题。

（二）管理的职能

20世纪初，法国管理学家亨利·法约尔将管理活动分为计划、组织、指挥、协调、控制五大管理职能。[①]至今虽然对管理职能的划分仍有许多不同的观点，结合当前管理新理论本书将管理的职能归类为五大主要职能：计划、组织、领导、控制和创新。

1. 计划

计划是管理的首要职能，是指对未来发展目标及实现目标的活动所进行的具体设计、谋划及具体的部署安排。任何有组织的集体活动，都需要在一定的计划指引下进行，计划是对组织未来活动进行预先筹划。管理者通过制订计划，可以帮助组织成员认清所处的环境和形势，指明活动的目标以及实现目标的途径。

2. 组织

组织工作包括分工、构建部门、确定层次等级和协调等活动，其任务是构建一种工作关系网络，使组织成员在这样的网络下更有效地开展工作。

3. 领导

领导职能是管理者依据组织所赋予的影响力去指挥、命令、引导和激励下属，进行有效沟通和协调，从而有效实现组织目标的行为。沟通和激励是领导工作的主要内容。

4. 控制

控制是为了保证组织各部门、各环节能按既定的计划开展工作从而实现组织目标的一项管理活动。其内容主要包括根据计划标准检查各部门、各环节的工作情况，判断其工作结果是否与计划要求相吻合以及存在偏差的程度。

5. 创新

创新工作是指适应组织内外部环境条件的变化，打破系统原有平衡，创造系统新的目标、结构和功能状态，以实现新的系统平衡的活动。

计划、组织、领导、控制和创新是最基本的管理职能，回答了一个组织要做什么和怎么做，靠什么做，如何做得更好，以及做得怎么样等基本问题，相互联系、相互影响，构成了一个有机的整体，在实际中不可能完全分割开来，而是相互融合在一起的，是一个动态的循环过程。

二、农业经济组织的现状

我国农业经济组织目前生产的农产品并未能完全达到"绿色农业"标准，存在的问题主要体现在多数农业生产通过大量增加水、肥、农药等物质和能量的投入来提高产量。这给农业经理人们提出了新的课题——如何能更好地生产标准规范的农产品，是农业经济组织未来能

[①] 亨利·法约尔：《工业管理与一般管理》，机械工业出版社2013年版。

否长远发展的关键。

目前，我国农业经济组织主要有七种发展模式。

（一）"能人"带动模式

此类型是"能人+农户"模式，一般是由种养大户或经营能手牵头发起成立的。作为"农村精英"的种养、营销、生产等专业大户往往具有较强的合作精神，为扩大生产营销规模，增强竞争能力，联合其他专业户或农户兴办合作经济组织，成员共享信息、技术和收益。专业大户充当了具有风险意识和创新精神的企业家角色，他们扎根于乡村复杂的社会关系中，与农民沟通，或是自己拥有一定的资本积累，或是能够获得某种要素资源，将同业者及相关利益者带动起来，创办农业经济组织，以平等互利的方式推动自身事业的发展。

（二）企业带动模式

此类型是"公司+农户"模式。市场化运作中，公司是最重要的主体，和农村合作经济组织实行"以人为本"的理念不同，公司运作以及分配效益核心都是资本，参与人员可以自由持股，以"公司+农户"模式构建全新的农村合作经济组织，既解决了生产与市场之间的衔接问题，又能创造品牌价值，在实现企业经济利润的同时，提升了农民的组织化程度。供销社有企业参股或以订单农业模式，创办了大量的"公司+农户"型农民专业合作社、农民专业合作社联合社和农产品行业协会。

（三）供销社引领创办模式

实行家庭联产承包责任制以后，我国农业经济组织不断发展，由供销社指导、引导创办的农村合作经济组织，成为重要的农业经济组织发展模式。供销社在综合改革的过程中，坚持合作经济的基本属性、密切与农民的利益联结，通过参股、服务、指导等多种方式，积极推动农村合作经济组织发展，浙江、山东、重庆等省市形成了一批可复制、可推广的"供销社+"的合作经济发展模式。

（四）浙江"三位一体"模式

浙江省瑞安市率先探索试点农民专业合作、供销合作、信用合作"三位一体"新型农村合作体系，在坚持家庭经营基础地位的同时，构建起农村合作经济升级版，助推农业现代化，实现供销与农业主体的双赢。瑞安的经验和做法被概括为"统分结合、三位一体"模式。浙江全省自下而上全面构建起乡镇、县、市、省四级农民合作经济组织联合会（以下简称"农合联"）[《中共浙江省委　浙江省人民政府关于深化供销合作社和农业生产经营管理体制改革构建"三位一体"农民合作经济组织体系的若干意见》（浙委发〔2015〕17号）]组织体系，按照非营利性社会团体登记运行，严格实行会员代表大会、理事会、监事会制度。县以上农合联设立执委会，依托同级供销社组建，涉农部门事业单位的经营性服务事项优先由农合联承担，涉农公共服务事项以委托或购买方式转由农合联或其他主体承担。农合联普遍建立农民合作基金和资产经营公司两项制度，建立现代农业、城乡商贸、农村金融三大服务体系。

(五)山东党建带社建模式

山东省供销社适应农业转型的重大变化,加强组织创新和制度安排,实行供销社+村两委+合作社"三位一体"村社共建模式,整合各方资源,发展农村经济,不仅促进了供销社改革发展,也使基层党组织服务农民有了经济舞台,促进了基层服务型党组织建设。截至2018年底,山东省开展"党建带社建、村社共建"的行政村已达16 087个,全省供销社系统80%以上的农民合作社及联合社建立了党支部或联合党委,村社共建交叉任职干部4232人。莱芜市、莒南县分别实现了村社共建市级全覆盖和县级全覆盖。累计实施共建项目24 547个,为共建村增加集体收入4.76亿元,助农增收26亿元,共建村集体收入均超过3万元,最多的达到20万元。供销社通过与村集体、农民共同出资创办合作社,联利联心,成为产权清晰的利益共同体,通过供销社帮助村里调整产业结构、建立商品基地、销售农产品、开办日用品超市,提供一条龙、一站式服务,农民降低了生产成本,增加了收入,而且通过规范办社,合作社中社员还能享受到民主管理、二次分红的待遇。

(六)重庆要素融合模式

重庆市供销社以建设"五大体系"(为农服务基层组织体系、农业社会化服务体系、农村现代流通网络服务体系、农村综合信息服务体系、农村合作金融服务体系建设)为依托和载体,推动供销社、农民专业合作社、信用社(农商行)"三社"在组织形态、生产经营、利益联结、管理体制和运行机制上科学有效融合,把生产、流通、信用三大要素融合起来,把政府、企业、农民三方面的作用统筹起来,全面推进"三社"融合发展。坚持联合合作、融合发展,坚持市场导向,以联合更紧、合作更实、融合更深为方向,着力"横向集中化、纵向一体化",建好市级、区县、乡镇三级农合联,打造为农服务综合平台。

(七)四川"三社"融合模式

农村集体经济是农村经济中的重要组成部分,推进供销合作社、村集体经济组织、农民专业合作社"三社"融合发展,大力发展农村集体经济,不仅是带动农民共同致富的经济问题,而且是关系党在农村执政基础的重大政治问题。四川省省供销社通过积极开展"三社融合"试点探索实践,不仅有力推动了农村合作经济组织的发展壮大,夯实了供销社服务"三农"的基层组织体系,也有效带动了农村集体经济发展,增加了农民收入。

第二节 农产品质量管理标准

根据《中华人民共和国标准化法》和《农业部标准化管理办法》的规定,我国标准分为国家标准、行业标准、地方标准和企业标准4个层次。

一、农产品质量管理国家标准

农产品质量安全是指农产品的可靠性、使用性和内在价值,包括在生产、贮存、流通和使用过程中形成、残存的营养、危害及外在特征因子,既有等级、规格、品质等特性要求,也有对人、环境的危害等级水平的要求。

农产品质量管理国家标准是指由国务院标准化行政主管部门制定的需要全国范围内同意的技术要求。国家标准分为强制性国家标准、推荐性国家标准、指导性技术文件。国家规定的标准代码分别为 GB、GB/T 和 GB/Z，其管理部门为国家标准化管理委员会。关于农产品质量安全的强制性技术规范，必须依照有关法律、行政法规的规定制定和发布。按照《食品安全法》的规定，食用农产品质量安全标准都要依法整合为食品安全国家标准。

二、农产品质量管理行业标准

行业标准是指没有国家标准而又需要在全国某个行业范围内同意的技术标准，由国务院行政主管部门制定并报国务院标准化行政主管部门备案。行业标准分为强制性标准和推荐性标准。近几年，国家市场监管总局印发《关于进一步落实食用农产品批发市场食品安全查验的通知》，要求农批市场开办者严格查验并留存入场食用农产品可溯源凭证和产品质量合格证。农产品检测是一种现代产品质量检测方式，不同的农产品有不同的检测标准，其目的也不同。因此在进行农产品检测时，需要针对检测农产品进行区分。全国食品安全"你点我检"活动的举行是市场监管部门根据消费者最期盼检测的食品品种，按照监督抽检程序进行抽样检验并科学回应公众对食品安全关切的一项服务活动，具体分为征集意见、现场抽样、送样检验、结果公示四个流程。农业标准化建设是农产品质量安全的基础保障，是农业农村现代化的关键环节。改革开放以来，我国对城镇化的重视程度不断提高，城镇化水平也有了明显提高，致使城市人口急剧增加，对工业产品、农产品的消费需求也快速增长，同时也对消费品的质量、安全等方面提出了更高的要求。

三、农产品质量管理地方标准

地方标准由省、自治区、直辖市标准化行政主管部门制定并报国务院标准化行政主管部门和国务院有关行业行政主管部门备案。地方标准的管理部门为各省级质量技术监督局。健全基层农产品质量安全"四员"监管体系，在乡镇设立农产品质量安全管理员、宣传员、协管员、信息员。管理员由乡镇分管负责人和农产品质量安全管理办公室负责人担任；宣传员由有辖区监管权限的市场监督管理所、乡镇农产品质量安全监管站、司法所的负责人担任；协管员由村委会（居委会）主任担任；信息员由乡镇卫生院分管公共卫生负责人和村卫生室负责人担任。农产品质量安全"四员"经乡镇农产品质量安全工作领导小组批准后报县食品安全委员会办公室审核、备案，经培训考核合格持证上岗。明确农产品质量安全"四员"的工作职责，强化保障体制，加大舆论宣传工作。各地各有关部门要充分利用新闻媒体、公示栏、板报、会议等形式，广泛宣传"四员"机制建设的内容和意义，使广大群众充分了解"四员"的工作职能，引导农产品生产经营者和群众支持配合"四员"工作，自觉抵制并积极举报违法违规食品生产经营行为，营造良好社会氛围。

四、农产品质量管理企业标准

企业标准是指由企业制定的作为组织生产依据的，或在企业内制定适用的，严于国家标准、行业标准或地方标准的企业（内控）标准，由企业自行组织制定，并按省、自治区、直辖市人民政府的规定备案。严格按照国家法律法规的要求，进行农产品的生产和经营。认真实施国家相关农产品质量安全标准，严格产地环境管理，自觉优化农产品生产环境。不断强化农产品生产过程中使用农药等农业投入品的质量管控，加强农产品生产记录管理或进货检查验收管理，依法做好农产品的包装和标识，确保上市农产品质量安全。在农产品质量管理企业标准中需要保证农产品在生产经营中不使用国家禁止使用的农业投入品，不可以使用保鲜剂、防腐剂和添加剂。同时农产品需要主动接受质量安全监管监测，积极参与农产品质量安全可追溯体系建设，对存在质量安全问题的产品，主动召回销毁，并依法承担赔偿责任。

这四类标准主要差异在于适用范围不同，没有标准和技术水平高低的区别。

第三节 农产品生产过程管理

一、农产品追溯体系建设

（一）科学规划农产品全程追溯体系建设

农产品质量安全追溯体系的建设离不开科学合理的规划，目标群体应由大型的农业企业和龙头企业逐步向一般农户农产品过渡；尽快设立追溯体系建设标准，标准统一后有利于实现互联互通、通查通识；积极引进第三方的专业化追溯服务，在政府支持的基础上，通过市场竞争不断提高农产品质量安全追溯体系服务水平。

一是科学设定农产品全程追溯体系建设目标。建议优先将实力较强或者获得了农产品认证的龙头企业和大型企业的重要农产品纳入追溯体系建设范围，对一般农户农产品的质量安全采取产地监管与流通监管相结合的方式。

二是设立追溯体系建设标准。根据建设要求，制定实施互联互通、通查通识的不同层级、不同类别的建设标准，如制定实施一批关键共性标准，统一数据采集指标、传输格式、接口规范及编码规则等。

三是政策支持第三方提供专业化追溯服务。如支持第三方建设农产品质量安全追溯信息平台，支持第三方评估机构对追溯体系建设运营状况进行评估和认证等。政府相关采购项目同等条件下优先支持第三方专业机构，财税政策向第三方机构倾斜，如降低增值税缴纳比率等。

（二）组织开展农产品追溯体系关键技术研究

农产品质量安全追溯体系的建设离不开共性技术和关键技术的支撑，专业机构的参与研发和有条件的企业的推广使用能够在很大程度上带动相关技术的发展。技术使用者的培训也至关重要，政府财政支持能够带动一部分农民学习相关知识，为农产品质量安全追溯体系的推动建设提供人才储备。

一是政府财税金融政策优先支持农产品质量安全追溯体系共性技术和关键技术研究，同时鼓励专业机构对农产品追溯体系建设标准、生产技术、信息标识和传递等关键技术进行研究，鼓励引导有条件的企业建立条码自动识别、无线射频识别（RFID）、二维码识别等农产品流通追溯体系。

二是政府通过财政支持农产品质量安全追溯体系的专业技术人员培训和职业农民培训。优先对农业龙头企业、大中型农业企业的专业技术人员进行培训，让他们优先学会相关技术，有利于带动更多的农民学习。在农业部门组织的职业农民培训中，增加农产品追溯体系建设运行管理专业技能培训，提高农民在实际操作中的技能水平。

（三）建立农产品生产经营企业追溯信息失真惩戒机制

惩戒机制的建立必不可少，有了惩戒机制才能让破坏规则的企业和农民受到应有的惩罚并奖励遵循规则的企业和农民。因此，建议在政府、行业协会、社会公众三个层次上建立农产品追溯信息失真惩戒机制。

一是食药监管部门推进追溯体系与农产品质量检验检测体系和农产品质量标准体系对接，制定并执行检验检测标准，让农产品质量安全有标准可依。政府为相关体系建设提供信息支持，逐步推进信息公开化、透明化，并探索建立农产品质量安全档案和质量失信、信息失真的"黑名单"制度。

二是政府引导农业协会建立农产品质量安全追溯信息诚信自律机制，支持有条件的农业专业协会建设农产品追溯信息平台，引导农业协会为会员企业提供专业化的服务并对运行状况和录入信息质量把关，保证信息的真实性和有效性。

三是发挥社会公众的监督作用。采取舆论监督、公民监督等形式，让社会力量参与进来。政府可以根据农产品质量安全举报情况对可追溯农产品的生产经营企业进行"黑名单"管理，一旦发现有企业不符合要求或者出现失信行为，将该企业划入"黑名单"，为农产品的质量安全保驾护航。

（四）建立追溯体系运行的支持保障机制

农产品质量安全追溯体系的建立运行需要强有力的支持保障机制，这就需要各地根据实际情况将该体系的建设纳入立法规划，将追溯管理纳入评价指标，把追溯体系建设与企业品牌创建相结合，并大力拓展可追溯农产品市场需求。

一是建议通过制定法律法规，依法要求安全风险隐患突出的农产品生产经营企业采用信息化手段建设农产品质量安全追溯体系，从而不断提高农产品质量安全。

二是建议将农产品质量安全追溯体系建设与农产品质量认证相结合。如将农产品追溯体系建设纳入现行的质量管理体系、食品安全管理体系、良好农业操作规范、"三品一标"农产品等认证，如果没有农产品质量安全追溯体系则不能取得以上认证，以认证管理的方式倒逼农产品追溯体系建设运行。

三是将农产品质量安全追溯体系建设与企业品牌创建相结合。鼓励农产品生产经营企业以农产品质量安全追溯体系建设带动产品品牌创建，政府将农产品质量安全追溯体系建设运行状况纳入农产品名优品牌评比，提高可追溯农产品品牌创建比率。有了农产品质量安全追溯体系的支撑，农产品品牌的市场认可度和顾客忠诚度也能得到提升。

四是大力拓展质量安全可追溯农产品的市场需求。政府在采购项目时，同等条件下优先支持质量安全可追溯产品，同时出台相关的政策引导大型连锁超市、机关、企业、事业单位食堂等优先采购质量安全可追溯产品。通过政府的引导，调节质量安全可追溯产品的生产，从而扩大市场需求。

二、农产品追溯智能化管理

农业农村部推进建设国家统一的食用农产品追溯平台，会同相关部门建立食用农产品追溯标准和规范，完善全程追溯协作机制。农业农村部农产品质量安全监管司负责指导本系统全国农产品质量安全追溯体系建设工作，农业农村部农产品质量安全中心承担国家农产品质量安全追溯管理信息平台（以下简称"国家追溯平台"）的建设管理与运行维护等工作。县级以上农业农村部门按照各自职责，负责推进本行政区域内农产品质量安全追溯体系建设，加强政策支持引导。根据需要可指定相关事业单位承担平台管理和运行维护工作。

农业农村部编制本系统全国农产品质量安全追溯体系建设规划，加强国家追溯平台推广运用，落实农产品质量安全追溯"四挂钩"意见，统一追溯标识，加强政策支撑与追溯技术设备研究，推动重点产品、重点领域、重点地区农产品追溯先行先试。县级以上农业农村部门应当推动本级农产品追溯平台逐级与国家追溯平台对接，实现数据共享、业务融合，支持本域农产品生产经营者自主选用部、省、市、县级农产品追溯平台，开展责任主体和产品流向的追溯管理，严格执行国家及农业农村部出台的农产品质量安全追溯相关政策意见等。支持各地通过立法，加强农产品质量安全追溯体系建设。支持各地推广应用先进适用的物联网、车联网、5G等现代追溯技术和设备，探索不同品种、不同场景下的农产品全程追溯技术和模式。

县级以上农业农村部门应当加强与同级市场监管、商务、教育等部门的协调配合，鼓励域内有条件的农产品批发市场、连锁超市、机关学校食堂等重点领域开展农产品追溯先行先试，推动产地农产品追溯信息顺利传递到下游流通消费环节。

县级以上农业农村部门应当推动将农产品质量安全追溯体系建设纳入本地区农业和农村经济高质量发展规划。支持社会力量参与农产品质量安全追溯体系建设和运行管理，探索市场化推动机制。

具体职责分工：

①农业部门负责对农产品生产主体使用农业投入品、产地标识、生产记录档案、农产品包装等情况的监管与指导，突破传统的农业生产操作观念，努力探索质量可追溯模式，实施农产品的准出管理。

②贸易部门负责对经营主办方实行农产品市场准入、质量安全追溯管理的行业管理与业务指导，引导经营者与外埠产地逐步建立质量联保的协作机制。

③工商部门负责指导市场举办者建立经营户信用评价体系，监督市场举办者开展索票索证工作，对不履行农产品准入义务、违反不合格农产品处置规定的行为进行监管。

④卫生部门负责餐饮经营主体采购食用农产品的规范化、索票索证制度等的监管与指导。

⑤ 质监部门负责对以农产品为原料的食品加工企业采购食用农产品的监督管理，以及农产品质量安全追溯管理中执行标准和操作规范的制订、审核与发布工作。

⑥ 城管执法部门负责对无证经营等违法行为的查处。

⑦ 财政、公安、食品药品监管和新闻宣传部门按照各自职责加强配合与支持。

第四节　农产品市场营销基本知识

一、农产品市场营销基本知识

（一）农产品市场营销的概念及内涵

1. 农产品市场营销概念

农产品营销是市场营销的重要组成部分，指农产品的生产者或经营者，通过农产品创造和交换的过程，将农产品从田头流通到消费者餐桌或生产企业，满足消费者或企业生产的需求，获得相应利润的市场活动过程。在现在的市场经济背景下，营销职能已成为现代企业最显著、最独特的核心职能。

2. 农产品市场营销内涵

现代营销学之父菲利浦·科特勒提出，市场营销是个人或集体通过创造，提供并同他人交换有价值的产品，以满足其需求和欲望的一种社会过程和管理过程。①

市场营销内涵主要包含以下几点：

一是市场营销是产品创造和交换的系列活动和过程。其核心功能是交换，产品创造是指在营销过程中包含着产品的构思、设计、开发以及交易过程中的价值增加等活动。

二是市场营销的目的是满足人们的需求和欲望。

三是市场营销本身是一种创造性的行为，它能够激发和解决消费者的潜在需求，响应企业营销的行为。

四是市场营销是通过个人和组织来执行，对产品创造和交易活动进行系统化管理的过程，并已经渗透、影响到企业生产经营的各个方面。

农产品市场营销内涵主要包含以下几点：

一是农产品市场营销的主体是农产品生产和经营的个人和组织。

二是农产品市场营销活动贯穿于农产品生产、流通、交易的全过程。

三是农产品市场营销体现了一定的社会价值或社会属性，最终目标是满足社会和人们的需求和欲望。

（二）农产品营销特点

农产品与其他产品有着本质性的不同，因此它的营销有其自身特点，主要体现在以下几

---

① 菲利浦·科特勒：《市场营销　原理与实践》，中国人民出版社2020年版。

个方面：

一是营销的农产品生物性、鲜活性特征明显，品质受产地影响大。
二是农产品流通环节多，运输、贮藏成本较高。
三是农产品需求的大量性、连续性、普遍性、稳定性。
四是农产品营销主体的分散性与营销活动的不稳定性并存。
五是农产品品种繁多、可替代性强。
六是政府干预的必然性。

二、农产品品牌基本知识

（一）农产品品牌内涵

品牌的内涵包含内容、形象、瞬间感受等一系列内容，可以主要从六个方面来认识品牌的内涵。

1. 属性

品牌首先意味着特定的属性，代表产品或企业的质量内涵，如工艺精湛、制造精良、质量可靠、坚固耐用、声誉良好等。

2. 利益

品牌属性可以转换为消费者的切身利益，如质量可靠可以减少维修费用，声誉良好可以满足消费者的情感需求等。

3. 价值

品牌代表生产者倡导的某些价值观或消费观，形成不同的等级层次，在顾客心目中形成不同的价值。

4. 文化

品牌的文字、符号是一种显性文化，代表的产品或企业的文化象征是一种隐性文化。

5. 个性

品牌代表了一定的个性。好的品牌在形式上让人感到新颖、别致、个性突出，还会联想到某些成功的人物或个性鲜明的事物，这使品牌的识别作用更加强烈。

6. 使用者

特定的顾客群体喜欢特定的品牌，这使品牌成为特定的角色象征。角色之外的人如果使用，别人会感到惊奇。

好的品牌加上好的产品，很容易使消费者记住，这就是品牌的知名度；当很多顾客愿意购买某一品牌产品时，这一品牌就有了接受度；当有一批顾客在众多同类产品中选购了这一品牌产品时，就有了品牌的偏好度；一旦顾客非这一品牌不买时，这个品牌就有了忠实的顾客，称为品牌的忠实度。品牌忠实度越高的产品，竞争力越强，品牌价值量就越大。

（二）品牌的功能

1. 识别功能

识别功能是品牌最基本、最原始的功能。在产品消费同质性很高的竞争时代，品牌代表着产品的品质、特色和承诺，它代表的一定质量和服务水平，使其与竞争对手的产品发生自然差异，具有不可替代性与专用性的特征，成为产品差异化的重要手段。消费者能够根据自己的经验和收集到的信息，简单识别其他企业的同类产品，重复购买某个品牌，形成消费者的品牌忠诚度，稳定品牌消费者群与产品的市场份额，保障产品不被其他同类产品替代。

2. 稳定功能

在竞争激烈的市场条件下，品牌代表着能够提供稳定的产品服务与质量，它不会随意地降低产品的服务或产品质量，这是品牌给予消费者的承诺及其产品的魅力所在。同时品牌产品价格可以不与其他同类产品的价格相比较，它可以自主地确定较高的产品价格并保持价格的长期稳定，不随市场的变化而变化，以维持较高的市场收益率。

3. 促销功能

企业宣传品牌，远比宣传企业名称和产品质量更为方便。品牌是产品品质、特色、档次的象征，是消费者选择产品的主要依据，品牌有助于人们建立起企业产品的印象，在实际生活中，有的产品人们可能不知其生产者，但却知道其品牌的名称和品牌标记，特别是在新产品进入市场时，依据品牌效应可以短时间内获得消费者认同，减少市场开发费用，有效提高新品在市场上的成功率。

4. 增值功能

品牌作为一种无形资产，随着企业规模的扩大，市场占有率的提高，产品知名度、美誉度和忠诚度的提升，消费者对品牌产生认可，价格的高低对消费者来说就会显得次要，消费者愿意花更多的钱购买该品牌，享受该品牌带来的个性化的服务，好的品牌产品附加值很高，即使在市场不景气时一样不用担心亏本。

一般而言，产品都有一个生命周期，会经历从投放市场到被淘汰退出市场的整个过程，包括投入、成长、成熟和衰退四个阶段。但是品牌却不同，它会超越生命周期。当品牌一旦拥有一定的知名度，拥有一定数量的忠诚"粉丝"，其领导力就可以经久不衰，即使其产品已历经改良和替换，品牌都可以从开始依附在产品身上慢慢地发展到从具体的产品中相对独立开来，使消费者长期保持对它的认同和偏好，形成品牌的无形资产。

农产品是大众日常消费品，市场竞争较大，其同类产品及其供货商、销售商众多，产品的种类、价格质量、标准也各不相同，面对如此众多的农产品供货商，消费者一时无法通过比较来准确判断产品的好坏。有了品牌，就能缩短消费者的购买决策过程，减少消费者的选择成本，让生产者在众多的产品中更具有特色，更容易被选择，更具有市场竞争力，我国不少地方的特色农产品在今天的市场竞争中依然有品牌优势，如苏州的"碧螺春"茶叶、"阳澄湖"螃蟹等品牌。

第五节　农业金融与保险

一、农业金融知识

（一）农村金融机构

1. 农村金融含义

金融就是资金融通的意思。农村金融就是在农村中以农业生产为主，包括农业中小涉农经济组织等其他非农生产经营活动的领域，组织和调剂资金的活动。农村金融即农村货币资金的融通，指以信用手段筹集、分配和管理农村货币资金的活动。

2. 农村金融特点

① 涉及面广；
② 风险较高；
③ 政策性强；
④ 管理较难。

3. 农村金融体系

农村金融机构包括银行和非银行机构。银行机构包括中国农业银行、中国农业发展银行、农村商业银行、农村合作银行。非银行机构包括农村信用合作社和农业保险公司等。还有一些新型农村金融机构如村镇银行、资金互助社、资产管理公司、小额贷款公司、中国邮政储蓄银行等。

（二）政策性贷款

1. 政策性金融机构

农业发展银行是农村金融组织体系中的政策性银行，成立于1994年，实行自主经营，独立核算，其主要职责是根据国家有关政策文件，发挥农业政策性功能，定位于服务农业、农村经济发展，合理引导信贷资金支农的正确投向。

政策性金融是国家保障弱势群体金融发展权和金融平等权的特殊制度安排，在我国农业产业化转型的发展中，政策性金融的功能主要体现为政策性、优惠性和补充性三个方面。

2. 政策性贷款

政策性贷款是中央银行和政策性银行为贯彻国家在不同历史时期的经济发展政策，所发放的有特定投向和用途的各种贷款的统称。其主要特点如下：

① 贷款着重服从于国家现实和长远的经济发展战略和产业政策。
② 贷款投向的选择和确定，以国家的政策为依据，带有一定指令性。
③ 被政策性贷款支持的产品（商品）和项目具有必保和优先性质。

④ 利率一般低于基准利率。

⑤ 在信贷管理上，一般都单列规模，专项管理，定向投放，专款专用。

（三）商业性贷款

1. 商业性金融机构

中国农业银行和中国邮政储蓄银行属于农村金融组织体系的商业金融机构。"面向'三农'、服务城乡"的使命要求以及"三农"金融事业部使农业银行在"三农"金融业务服务领域起到重要的作用，成为在农村占据主导地位的国有商业银行。

中国邮政储蓄银行挂牌成立于 2007 年，是在改革邮政储蓄的基础上组建起来的定位于服务"三农"、服务小微涉农经济组织、服务社区的大型零售商业银行。相比于其他商业银行，农户小额贷款业务是其面向农户发放的供种植、养殖、农产品加工及其他农业生产经营所需的短期贷款支持，包括农户联保贷款和农户保证贷款两种类型，极大地填补了农户金融服务需求的"空白区"，满足了农户的贷款资金需求。

2. 商业性贷款

商业贷款是用于补充涉农经济组织的流动资金的贷款，一般为短期贷款，通常为 9 个月，最多不超过一年，但也有少量中长期贷款。这类贷款是商业银行贷款的主要组成部分，一般占贷款总额的三分之一以上。商业贷款流程如下：

（1）提交贷款申请

当签好了房屋买卖合同后就可以向银行申办商业贷款了。无论是一手房贷还是二手房贷，都需要将银行认可的齐全材料递交给银行审核，这是商业贷款流程中最重要的一步。

提交材料主要包括身份证、户口本、结婚证原件以及复印件；外地户籍需要提供暂住证或者居住证；工作单位出具的收入证明；买卖合同、首付款发票或者收据；近半年的工资流水或其他资产证明。除了以上五项资料外，不同银行对商业贷款的要求有一定的差异，还要详细询问贷款银行要求的其他资料。

（2）银行受理调查

银行收到贷款申请人的申请材料后，就会对其材料进行审核。商业贷款一般审核时间是 15 个工作日，最长不超过 1 个月。

在银行受理调查期间，会根据情况要求贷款申请人补充一些资料，因此，这段时间贷款申请人需与银行保持联络。

（3）银行核实审批

贷款银行会针对几方面进行核实：房屋的情况、借款人的资质信用情况等。这是商业贷款流程中比较重要的环节，如果贷款申请人的信用不良，会直接导致贷款申请的失败，因此生活中积累良好的个人信用很重要。

（4）双方办理相关手续

贷款审批通过后，银行需要通知贷款申请人在该银行开户，领借记卡并签订贷款合同。同时，办理抵押、保证、质押和保险等有关担保手续。在签订贷款合同、办理担保手续的时候一定要详细了解合同中的细则，明确自己的权利和义务，以免发生误会。

（5）银行发放贷款

所有贷款手续办理完毕后，银行会将贷款资金打入房产开发商的账户，借贷关系成立，贷款人按规定偿还贷款。

二、信用合作知识

（一）资金互助

1. 农村资金互助社

农村资金互助社是经银行业监督管理机构批准，由公民自愿入股组成的社区互助性银行业金融业务。农村资金互助社实行社员民主管理，以服务社员为宗旨，谋求社员共同利益。

农村资金互助社是独立的法人，对社员股金、积累及合法取得的其他资产所形成的法人财产，享有占有、使用、收益和处分的权利，并以上述财产对债务承担责任。

农村资金互助社从事经营活动，应遵守有关法律法规和国家金融方针政策，诚实守信，审慎经营，依法接受银行业监督管理机构的监管。

2. 设立条件

① 有符合法律法规的章程；
② 有 10 名以上符合规定要求的发起人；
③ 有符合规定要求的注册资本；
④ 有符合任职资格的理事、经理和具备从业条件的工作人员；
⑤ 有符合条件的营业场所、安全防范设施和与业务有关的其他设施；
⑥ 有符合规定的组织机构和管理制度；
⑦ 银行业监管部门规定的其他条件。

3. 入股条件

① 具有完全民事行为能力；
② 户口所在地或经常居住地（本地有固定住所且居住满 3 年）在入股资金互助社所在乡镇或行政村内；
③ 入股资金为自有资金且来源合法，达到规定的入股金额起点；
④ 诚实守信，声誉良好；
⑤ 承认并遵守资金互助社章程，愿意承担相应的义务。

（二）信用贷款

1. 信用贷款的含义

信用贷款是指以借款人的信誉发放的贷款，借款人不需要提供担保。其特征就是债务人无需提供抵押品或第三方担保，仅凭自己的信誉就能取得贷款，并以借款人信用程度作为还款保证。这种信用贷款是中国银行长期以来的主要放款方式。信用贷款业务，主要通过银行、贷款公司、电子金融机构办理。

贷款公司的信用贷款，额度大约为 2~30 万，利率为 1.5%~3%。贷款公司的一部分服务就是俗称的高利贷，这类产品的特点是速度快，额度很灵活，但是成本被隐藏在手续费等收费项目上，实际贷款成本远高于对外宣传的利率。

担保公司的信用贷款，是通过担保公司担保银行放款的模式为客户提供的信用贷款。额度一般最高可到达 30 万，费用模式为银行放款的利息加担保公司的担保费。正规的担保公司只收取一定比例的担保费而不会收取利息，这也是辨别担保公司是否正规的一个标准。

2. 申贷条件

① 涉农经济组织客户信用等级至少在 AA-（含）级以上的，经国有商业银行省级分行审批可以发放信用贷款；
② 经营收入核算利润总额近三年持续增长，资产负债率控制在 60%的良好值范围，现金流量充足、稳定；
③ 涉农经济组织承诺不以其有效经营资产向他人设定抵（质）押或对外提供保证，或在办理抵（质）押等及对外提供保证之前征得贷款银行同意；
④ 涉农经济组织经营管理规范，无逃废债、欠息等不良信用记录。

3. 申贷项目

国家开发银行是政府的开发性金融机构，属国家政策性银行，其贷款主要投放于基础设施、基础产业、支柱产业及高新技术产业等重大项目的建设。

政府信用贷款与传统的商业贷款有着本质区别。政府信用贷款不需对工程项目进行逐个的银行商务评审，也不用涉农经济组织提供具体的物质担保，而是把地方政府作为一类特殊的客户进行信用评审，其具体内容包括信用评级、信用发展度评价、风险限额和政府信用额度。开发银行贷款与商业银行贷款相比，贷款期限长，政府可在较长时间内统筹安排资金，还款压力小，并免于债项评审和涉农经济组织担保，贷款程序比商业银行贷款程序简化。

4. 信用申请材料

① 信贷业务申请书；
② 借款人基本情况、资格证明文件、贷款证（卡）、授权书等；
③ 经有权机构审计或核准的近三年和最近的财务报表和报告；
④ 董事会决议、借款人上级单位的相关批文；
⑤ 项目建议书、可行性研究报告和有权部门的批准文件；
⑥ 用款计划及还款来源说明；
⑦ 与借款用途有关的业务合同；
⑧ 银行需要的其他资料。

三、农业保险知识

（一）涉及农保险机构

1. 农业保险

农业保险，简称"农险"，是专为农业生产者在从事种植业、林业、畜牧业和渔业生产过程中，对遭受自然灾害、意外事故疫病、疾病等保险事故所造成的经济损失提供保障的一种赔偿保险。农业保险按农业种类不同分为种植业保险、养殖业保险。按危险性质分为自然灾害损失保险、病虫害损失保险、疾病死亡保险、意外事故损失保险。按保险责任范围不同，可分为基本责任险、综合责任险和一切险；按赔付办法可分为种植业损失险和收获险。

2. 农业保险公司

（1）安信农业保险股份有限公司

安信农业保险股份有限公司于 2004 年 9 月 15 日在上海市工商局登记成立。法定代表人宋建国，公司经营范围包括农业保险、财产损失保险、责任保险、法定责任保险等。

（2）安华农业保险股份有限公司

安华农业保险股份有限公司是由原中国保险监督管理委员会（简称中国保监会）[①]批准，于 2004 年 12 月成立的商业化运作、综合性经营，并为政府代办政策性业务的全国性农业保险公司，总部设在吉林省长春市。

（3）阳光农业相互保险公司

阳光农业相互保险公司是在黑龙江垦区 14 年农业风险互助基础上，经国务院同意，原中国保监会批准，原国家工商总局（现为国家市场监督管理总局）注册的我国首家相互制保险公司，是黑龙江省唯一一家国家一级法人金融机构，公司于 2005 年 1 月 11 日正式开业。

（4）中国大地财产保险股份有限公司

中国大地财产保险有限公司经营范围包括涉农经济组织财产损失保险、家庭财产损失保险、建筑工程保险、安装工程保险、货物运输保险、机动车保险、船舶保险、飞机保险、航空航天保险，核电站保险、能源保险、法律责任保险、一般责任保险、保证保险和信用保险。

上述保险公司的业务具体包括种植保险、养殖保险、短期健康保险、意外伤害保险、再保险业务、经原中国保监会批准的资金运用业务以及经原中国保监会批准的其他业务。

（二）商业性农业保险与政策性农业保险

农业保险包括政策性农业保险和商业性农业保险。政策性农业保险是为实现政府的特定目标而对农户发放保费补贴以支持农业发展；商业性农业保险的经营性质则以营利为首要目标，农户需支付的保费较高。

《农业保险条例》第三条第一款规定："国家支持发展多种形式的农业保险，健全政策性农业保险制度。"目前，我国的农业保险主要是政策性农业保险，商业性农业保险不多见。本章所谈到的农业保险是指政策性农业保险，其含义可以概括为政府从国家的宏观经济利益出发，对关系国计民生的农业实施保护政策，运用商业保险的原理并给予扶持政策而开办的农业保险。

（三）农业保险类型

1. 种植业保险

种植业是农业的基础，其中的粮食作物更是关系到国计民生，因此种植业保险是农业保险中最重要的业务类别。我国于 2007 年正式试点中央财政支持的政策性种植业保险，2008 年

[①] 1998 年设置中国保险监督管理委员会；2018 年组建中国银行保险监督管理委员会，不再保留中国保险监督管理委员会；2023 年，组建国家金融监督管理总局，不再保留中国银行保险监督管理委员会。

财政部正式下发《中央财政种植业保险保费补贴管理办法》。到目前为止，全国 31 个省、自治区和直辖市都开展了政策性种植业保险试验，中央财政提供保费补贴的种植业险种的保险标的作物类别为 11 种，即水稻、玉米、小麦、马铃薯、青稞、棉花、油料作物（大豆、花生、油菜）和糖料作物（甘蔗、甜菜）。除以上中央财政补贴的作物类别，中央财政提供保费补贴的地区（补贴地区）可根据本地财力状况和农业特色，自主选择其他种植业险种予以支持。中央财政补贴险种的保险责任为因人力无法抗拒的自然灾害，包括暴雨、洪水（政府行蓄洪①除外）、内涝、风灾、雹灾、冻灾、旱灾、病虫草鼠害等对投保农作物造成的损失。补贴地区可根据本地气象特点从上述选择几种对本地种植业生产影响较大的自然灾害，列入本地补贴险种的保险责任。同时，补贴地区可选择其他灾害作为附加险保险责任予以支持，由此产生的保费，可由地方财政部门提供一定比例的保费补贴。

补贴险种的保障水平按"低保障、广覆盖"的原则确定，以保障农户灾后恢复生产为出发点。保险金额原则上为保险标的生长期内所发生的直接物化成本，包括种子成本、化肥成本、农药成本、灌溉成本、机耕成本和地膜成本。补贴险种的保险费率应根据保险责任、保险标的多年平均损失情况、地区风险水平等因素确定。在 2008 年，对于补贴险种，在补贴地区省级财政部门补贴 25%的保费后，财政部再补贴 35%的保费，投保农户的负担为 40%（此部分保费可由农户承担，或者由农户与龙头涉农经济组织、地方财政部门等共同承担，具体比例由补贴地区自主确定）。2009 年起，中央财政开始区分中、东、西部实行差异化补贴政策。2013 年，在省（自治区、直辖市）级财政至少补贴 25%的基础上，中央财政对中西部地区的补贴比例为 40%，对东部地区的补贴比例为 35%，对新疆生产建设兵团、中央直属垦区、中储粮北方公司、中国农业发展集团有限公司等中央单位的补贴比例为 65%。

近年来，地方财政扶持的地方特色种植业保险险种不断扩大，四川、安徽、北京、上海、广东等省（直辖市）不断选择本地区种植面积较大，专业化、规模化程度较高，对保证地区人民生活、增加农户收入具有重要意义的特色农业品种，开展地方财政扶持的地方特色种植业保险。

2. 养殖业保险

2008 年，财政部下发《中央财政养殖业保险保费补贴管理办法》。中央财政提供保费补贴的养殖业险种的保险标的主要包括能繁母猪和奶牛。除上述补贴险种以外，补贴地区可根据本地财力状况和农业特色，自主选择其他养殖业险种予以支持。补贴险种的保险责任为重大病害、自然灾害和意外事故所导致的投保个体直接死亡。补贴地区可根据本地气象特点，从上述选择几种对本地养殖业生产影响较大的重大病害、自然灾害和意外事故，作为本地补贴险种的保险责任。同时，补贴地区可选择其他重大病害、自然灾害和意外事故作为附加险保险责任予以支持，由此产生的保费，可由地方财政部门提供一定比例的保费补贴。

补贴险种的保险金额参照投保个体的生理价值确定。并以此为基础，参照多年发生的平均损失率，测算保险费率。对于补贴险种，在补贴地区（新疆生产建设兵团以及中央直属垦区除外）地方财政部门补贴 30%的保费后，中央财政再补贴一定比例的保费。具体保费补贴

---

① 行蓄洪是指对大江、大河超过设防标准的洪水，进行有计划的分洪、滞洪。行蓄洪保险是指对行蓄洪所造成的行蓄洪区的财产损失，进行经济赔偿的一种保险。

标准为：能繁母猪保险，财政部补贴50%的保费；奶牛保险，财政部补贴30%的保费。对于新疆生产建设兵团以及中央直属垦区，财政部为能繁母猪保险补贴80%的保费，为奶牛保险补贴60%的保费。此外，对于东部地区9省（直辖市），包括北京、天津、辽宁、上海、江苏、浙江、福建、山东、广东，能繁母猪和奶牛保险由地方财政部门提供一定比例的保费补贴，其保险责任、保障水平和保费补贴比例可参考补贴地区做法确定。同时，东部地区可选择其他养殖业险种予以支持。在符合国家有关文件精神的基础上，地方财政部门的保费补贴比例由省级财政部门根据本地实际情况确定。

近年来，我国政策性养殖业保险保费补贴品种增加了育肥猪、牦牛和藏系羊等，补贴比例也有所调整。对于能繁母猪、奶牛、育肥猪保险，在地方财政至少补贴30%的基础上，中央财政对中西部地区的补贴比例为50%，对东部地区的补贴比例为40%，对中央单位的补贴比例为80%。

显而易见，上述养殖业补贴险种中并不包括水产养殖保险。在我国，水产养殖保险不属于养殖业保险，而属于渔业保险的范畴，是作为渔业保险的一个组成部分开展经营并获得政府支持的。我国的水产养殖保险于2010年在上海和成都两地开始试点，2012年开展水产养殖保险的省份不到10个，保费补贴由地方财政负担，总体规模偏小。

3. 其他涉农保险

根据《农业保险条例》第二条，农业保险是指农业生产领域的财产风险保障。事实上，《农业保险条例》中还提到了涉农保险的概念。根据《农业保险条例》第三十二条的规定，涉农保险是指农业保险以外、为农民在农业生产生活中提供保险保障的保险，包括农房、农机具、渔船等财产保险，涉及农民的生命和身体等方面的短期意外伤害保险。保险机构经营有政策支持的涉农保险，参照适用《农业保险条例》的相关规定。这就是说，农业保险的实际外延超出了生产领域的财产风险保障。根据《农业保险条例》，涉农保险主要包括农房、农机具、渔船等财产保险，涉及农民的生命和身体等方面的短期意外伤害保险。需要说明的是，以下关于农民短期意外伤害保险的介绍，主要涉及渔民人身意外伤害保险。

（1）渔船和渔民意外伤害保险

渔船、渔民意外伤害保险和上文提到的水产养殖保险同属渔业保险范畴，渔船保险主要承保渔船全损保险和渔船综合保险。目前，我国渔业保险的经营模式主要有两种：其一，由中国渔业互保协会和8个地方协会以社会团体组织身份提供的非营利性互助保险；其二，中国人民财产保险股份有限公司、中国太平洋保险（集团）股份有限公司、上海安信农业保险股份有限公司等商业保险公司在海南、广东、福建、上海等省市以与渔业互助保险组织共保的形式参与的保险。

2008年起，原农业部设立专项资金，在沿海7省重点渔区开展渔船全损互助保险和渔民人身平安互助保险保费补贴试点，每年补贴资金总额为1000万元（此部分补贴来自中央财政，不支持前述水产养殖保险保费），由渔业互保协会具体承担。补贴对象一是20马力以上，证书齐全、有效且具备适航条件的海洋机动渔船；二是海洋捕捞渔民和海洋养殖渔民。对于渔船全损互助保险，中央财政补贴保费的25%；对于渔民人身平安互助保险，中央财政补贴保费的20%，保险金额最高每人10万元。中央财政的上述补贴也带动了地方各级财政对渔业保险发展的支持（前述水产养殖保险的保费支持来自地方财政）。根据《农业部2014年为农民办实事工作方案》，2014年继续实施政策性渔业互助保险保费补贴试点，提高渔民灾后恢复生产能力和防灾减灾水平，稳定渔区社会，促进平安渔业、和谐渔业建设。利用中央财政安排资金，对渔船渔民参加渔船全损互助保险和渔民人身平安互助保险分别给予20%保费补贴。选择沿海9个省（自治区）的重点渔区为实施区域，积极推动渔业互助保险工作的开展。渔船全损互助保险补贴项目试点区域：河北省唐山市，辽宁省大连市，山东省青岛市、日照市，福建省福州市，广东省阳江市、珠海市、汕尾市，广西壮族自治区钦州市，江苏省、海南省全省；渔民人身平安互助保险补贴项目试点区域：浙江省岱山县。

（2）农机具保险

农机具保险的介绍以陕西、湖北两省的农机安全互助保险为例。陕西、湖北两省农机安全协会是在江泰保险经纪公司的支持下，于2009年、2010年相继成立的。陕西省农机安全协会开办的农机保险险种有机身损失互助险、驾驶人作业伤害互助险和拖拉机、收割机第三者互助险。湖北省农机安全协会开办的农机保险险种有机身损失互助险和驾驶人作业伤害互助险。同时，两省兼用（运输型）拖拉机的"交强险"，按照《中华人民共和国道路交通安全法》规定，由互助保险机构统一组织向保险公司投保。

（3）农房保险

目前，我国已有超过20个省份开展了农房保险工作，大部分业务是由中国人保财险经营的。根据中国人保财险的数据，农房保险业务的运作特点可以概括为"政府推动、财政补贴、保险公司运营"，业务开办地区根据当地实际情况采取相适应的经营模式。具体来说，主要有福建、广西、湖北的财政补贴全辖统保模式，浙江、广东、江西的财政补贴农户自愿参保模式和西藏的联办共保模式3种。

需要指出的是，党和国家一直高度重视农业保险的发展。[1]2013年中央1号文件《中共中央 国务院关于加快发展现代农业 进一步增强农村发展活力的若干意见》提出："加强涉农信贷与保险协作配合，创新符合农村特点的抵（质）押担保方式和融资工具，建立多层次、多形式的农业信用担保体系。扩大林权抵押贷款规模，完善林业贷款贴息政策。健全政策性农业保险制度，完善农业保险保费补贴政策，加大对中西部地区、生产大县农业保险保费补贴力度，适当提高部分险种的保费补贴比例。开展农作物制种、渔业、农机、农房保险和重点国有林区森林保险保费补贴试点。推进建立财政支持的农业保险大灾风险分散机制。支持符合条件的农业产业化龙头涉农经济组织和各类农业相关涉农经济组织通过多层次资本市场筹集发展资金。"[2]2014年中央1号文件《关于全面深化农村改革加快推进农业现代化的若干意见》提出："提高中央、省级财政对主要粮食作物保险的保费补贴比例，逐步减少或取消产粮大县县级保费补贴，不断提高稻谷、小麦、玉米三大粮食品种保险的覆盖面和风险保障水平。鼓励保险机构开展特色优势农产品保险，有条件的地方提供保费补贴，中央财政通过以奖代补等方式予以支持。扩大畜产品及森林保险范围和覆盖区域。鼓励开展多种形式的互助

---

[1] 中华人民共和国农业农村部网：《中共中央 国务院关于加快发展现代农业 进一步增强农村发展活力的若干意见》，2013年2月1日，http://www.moa.gov.cn/ztzl/yhwj2013/zywj/201302/t20130201_3213480.htm。

[2] 中华人民共和国中央人民政府网：《关于全面深化农村改革加快推进农业现代化的若干意见》，2014年1月19日，https://www.gov.cn/jrzg/2014-01/19/content_2570454.htm。

合作保险。规范农业保险大灾风险准备金管理，加快建立财政支持的农业保险大灾风险分散机制。探索开办涉农金融领域的贷款保证保险和信用保险等业务。"

（四）农业保险合同

1. 农业保险合同

农业保险合同，是指投保人与保险人约定保险权利义务关系的协议。投保人是指与保险人订立保险合同，并按照合同约定负有支付保险费义务的人。保险人是指与投保人订立保险合同，并按照合同约定承担赔偿或者给付保险金责任的保险公司。《农业保险条例》中对农业保险合同未做规定的，参照适用《中华人民共和国保险法》中保险合同的有关规定。

2. 农业保险合同订立

订立农业保险合同，应当协商一致，遵循公平原则确定各方的权利和义务。

农业保险可以由农民、农业生产经营组织自行投保，也可以由农业生产经营组织、村民委员会等单位组织农民投保。由农业生产经营组织、村民委员会等单位组织农民投保的，保险机构应当在订立农业保险合同时，制定投保清单，详细列明被保险人的投保信息，并由被保险人签字确认。保险机构应当将承保情况予以公示。

3. 农业保险合同成立与生效

投保人提出保险要求，经保险人同意承保，保险合同成立。保险人应当及时向投保人签发保险单或者其他保险凭证，保险单或者其他保险凭证应当载明当事人双方约定的合同内容，当事人也可以约定采用其他书面形式载明合同内容。保险合同成立后，投保人按照约定交付保险费，保险人按照约定的时间开始承担保险责任。

依法成立的保险合同，自成立时生效。投保人和保险人可以对合同的效力约定附条件或者附期限。

4. 农业保险合同内容

农业保险合同应当包括下列事项：
① 保险人的名称和住所；
② 投保人、被保险人的姓名或者名称、住所；
③ 保险标的；
④ 保险责任和责任免除；
⑤ 保险期间和保险责任开始时间；
⑥ 保险金额；
⑦ 保险费以及支付办法；
⑧ 保险金赔偿或者给付办法；
⑨ 违约责任和争议处理；
⑩ 订立合同的年、月、日。投保人和保险人可以约定与保险有关的其他事项。

本章小结

主要介绍了管理的基本知识和农产品质量管理标准、农产品生产过程管理、农产品市场营销、农业金融与保险等基本内容。通过学习本章内容，能分析农业经济组织现状与发展趋势，科学地开展农业生产活动，通过市场分析高效地进行农产品销售，规范地处理农业金融保险等事项，从而培养学生树立绿色农业、循环农业等可持续发展理念，形成精细化管理思维。

复习思考

① 管理的职能有哪些？
② 我国农业经济组织主要有哪些发展模式？
③ 简述农产品追溯智能化管理的内容。
④ 简述农产品市场营销的内涵。
⑤ 简述商业贷款的流程。

第五章　农业经理人创新思维

学习目标：

1. **知识目标**
   - ◆ 理解创新思维的要素
   - ◆ 掌握创新思维方法
   - ◆ 掌握培养创新思维

2. **技能目标**
   - ◆ 能够运用创新方法进行农业创新的相关活动
   - ◆ 能够运用创新思维进行农业实体项目或产品的创新

3. **素养目标**
   - ◆ 激励学生开创进取
   - ◆ 培养学生团队协作
   - ◆ 培养学生创新思维

第一节　农业经理人创新思维的方法

创新是在当今世界，在我国出现频率非常高的一个词，同时，创新又是一个非常古老的词。在英文中，innovation 这个词起源于拉丁语。它原有三层含义：一指更新；二指创造新的东西；三指改变。创新作为一种理论，形成于20世纪。1912年，美国哈佛大学教授约瑟夫·熊彼特第一次把创新引入经济领域。

一、农业经理人创新思维的概念和特点

（一）概念

创新思维是指以新颖独创的方法解决问题的思维过程，通过这种思维能突破常规思维的界限，以超常规甚至反常规的方法、视角去思考问题，提出与众不同的解决方案，从而产生新颖、独到、有社会意义的思维成果。农业创新思维是为了推动农业农村高质量发展，以问题导向、目标导向、需求导向和市场导向为基础，同时遵循农村发展规律和农业农村现代化规律，提出解决农业生产问题的独特解决方案，形成新颖的思维成果，包括市场导向思维、

城乡融合思维、全面振兴思维和贫困治理思维等主要内容。

（二）特点

① 实践性：思维是实践的先导，创新思维是创新农业生产实践的先导。

② 求新性：创新思维追求的是农业生产新成果，目的在于找出新的方法和途径来解决问题。

③ 价值性：创新思维的目的是获得新价值，是求真、求善、求美的统一。在农产品市场经济条件下，解决多元主体利益的矛盾需要运用创新思维，从而达到共赢的目标。

④ 高效性：创新思维能带来农业生产高效性，创新的农业生产模式可以提高生产效率，获得高回报。

二、农业经理人创新思维方法

（一）逆向思维

逆向思维也叫反向思维，就是反其道而行之，是将人们通常思考问题的方向和路径反过来思考的方法。农业创业也需要逆向思维，例如别人种菜，你来卖种苗，不盲目跟风，不做大多数。

（二）发散思维

发散思维就是从某一点出发向四面八方去充分展开想象的翅膀，从一点联想到多点，在对比联想、接近联想和相似联想的广阔领域分别涉猎，从而找到解决问题的多种设想、办法和方案。例如农业种植中考虑间作，玉米地种植绿豆，高粱地里种花生等。

（三）横向思维和纵向思维

横向思维法是通过借鉴、联想、类比，充分地把其他领域中的知识、信息、方法、材料等与自己头脑中的问题或课题联系起来，从而提出创造性的设想和方案。例如借鉴理发推子的结构和功能发明小麦收割机等。这种方法的特点：① 不过多地考虑事物的确定性，而考虑它多种多样的可能性；② 关心的不是怎样在旧观点上修修补补，而是注意提出新观点；③ 不一味追求正确性，而着重追求丰富性；④ 不拒绝各种机会，尽可能去创造和利用机会。与横向思维相对应的纵向思维是一种直线前进的传统思维方法。一步接一步地设想、推理，思考每一个环节，并沿着最大可能性的路线前进，直到创造完成。这种思维方法能使思考有序，顺利地完成某些生产创造。例如关注农业生产的产前、产中、产后的每一个环节，任何一个环节的创新都能够大大提高劳动生产率。

（四）分合思维

分合思维法是将思考对象的有关部分，从思想上将他们分离或合并，试图找到一种新事物的思维方法，包括分离思维和合并思维。现代技术中的组合性成果占60%~70%。如沙发+床=沙发床、热水瓶+茶杯=保温杯、衣服+半裙=连衣裙。联系到农业生产，则有统分结合的双层农业经营体制。

（五）转换思维

转换思维指转换视角、问题、思路、方式来思考，以获得创意的思维方法。例如，农产品营销方式由传统的"种出来再卖"转向"先卖出去再种"的互联网新思维。

（六）想象和联想

想象和联想是创造性思维的两大支柱。联想是指思考者在头脑中从一定思维对象出发，根据事物间的某种联系想其他事物。想象则涉及人在头脑中对已储存的表象进行加工改造，以形成新的形象。

第二节 农业经理人创新思维的培养

当下"创新"成为一个高频词汇，因为创新可以帮助我们更好地解决问题。有没有创新思维，具不具备创造力，是衡量一个人是不是人才的一个重要标志。那么，如何进行农业经理人创新思维培养呢？

一、农业经理人创新思维的三大要素

（一）兴趣和需要

兴趣和需要是创新思维的动力。兴趣是人对于所喜爱的其他人或事物，在自己大脑中形成的一种兴奋点和倾向。在兴趣的驱使下，人们可以暂时忽略兴奋点之外的大部分信息，最大限度地对工作目标投入力量，因此往往能够促进创新思维的开展，在创新活动中取得较大的收益。一般而言，人们对物质产品感兴趣，是因为生理需要的满足；人们对精神产品感兴趣，是因为精神需要的满足。需要是兴趣的最主要的来源之一，有需要就一定会有兴趣；没有需要，兴趣一定不会持久。

（二）灵感

灵感是创新思维的源泉，灵感来源于创造者丰富的实践经验和知识积累。从创新思维的直接结果——创造发明活动来看，创造发明的基本进程常常是由问题引发的思考。例如在日常生活煮饺子时要等到水沸腾的时候才将饺子下锅，可是当生饺子下到锅里的时候，水立刻冷却了，这时如果不加以搅拌，水就会由于达不到 100 ℃ 的温度，不能迅速加热饺子内部的空气，使浮力增加而导致饺子沉入锅底并且粘在锅底上。如果加以搅拌，就要打开锅盖，这样不仅浪费了能源，而且还延长了升温的时间，导致饺子的口感大打折扣。如果能够在最短的时间内使下了饺子之后的水重新沸腾而又不使饺子粘锅，就必须满足既要不打开锅盖，又要不断地搅拌这两个条件。想到这里，方案也就自然清晰了——"在锅盖上加装一个搅拌器"。

以上做法可以看作是一种"灵感"，这类的灵感是完全可以被驾驭的。当前，在一些具体的农业小发明项目中常常使用这种思维方式，而且往往能够取得成功。

（三）预测

预测是创新思维的难点，也是人们能动地控制和把握机遇的重要手段。从理论上讲，如果要适应和加速世界范围内经济、科技、文化的发展，就必须具备前瞻性，对未来的事物进行预测。如果掌握这种预测的方法，我们就能发现和了解事物发展的走向，掌握主动性，并可以提前对未来的发展做好准备。

二、阻碍农业经理人思维创新的因素

阻碍思维创新最主要的因素，就是人们头脑中传统的、固定的观念和思维中形成的习惯与定势。

（一）传统观念和固定观念

传统观念是思维创新的重要障碍，它顽强地维护着它赖以存在的实践和社会基础，反对思维对现存事物进行超越。受传统观念的影响，人们就会因循守旧，墨守成规，用老眼光、老套路、老办法去面对新问题。它使人的思维受原有思维空间的限制，跳不出固有的思维模式，因而就无法实现对原有认识和现存世界的超越。

（二）思维习惯和思维定式

在思维习惯和思维定式中，特别值得重视的是那种"唯上、唯书"的习惯。这种习惯使人们不管遇到什么问题，首先去想：书上是怎么说的？上级是怎么说的？企图在书上、在上级的指示里找到解决问题的现成答案。由于"书"与"上"，都是一种学术上的或者政治上的权威，因此，"唯书、唯上"的习惯也是一种盲目信从权威的习惯，是一种权威定势。这种思维习惯在我们的思维中表现十分突出，是影响和阻碍我们思维创新的一个重要因素。

三、农业经理人实现思维创新的因素

那么如何才能在思维中排除这些因素的干扰，实现思维的创新呢？我们认为可以从以下四个方面进行改进：

（一）具有怀疑批判精神

由于传统观念、固定观念、思维习惯和思维定式都存在于人脑的潜意识当中，使人们不自觉地受到它们的支配，因此要想克服这些因素，就要求思维者必须有反思传统、习惯的自觉意识，有怀疑批判精神。马克思有句格言："怀疑一切。"他正是以这种怀疑批判的精神去审视前人的成果——从古希腊的柏拉图、亚里士多德，到同时代的黑格尔、费尔巴哈，如此才站在了前人的肩膀上，创造性地建立了自己的理论。科学的进步，思想的创新，一刻也离不开怀疑批判精神。

（二）克服胆怯心理

破除传统、习惯，克服"唯上、唯书"的倾向，是需要勇气的。因为传统的东西、权威所支持的东西同时也是为社会多数成员所承认和接受的东西。突破它们，就意味着向多数人支持的东西挑战。因此，必须努力克服胆怯心理。

（三）学会运用创新思维的原理和方法

创造学中有一条原理叫作陌生原理。这一原理告诉我们，要学会用陌生的眼光看待事物，哪怕再熟悉的事物也不例外。也就是说，我们在思考问题的时候要学会暂时忘掉已知的东西，从根本上对事物重新思考。通过这种根本性的重新思考，来帮助我们破除传统、习惯和思维定式的桎梏。

四、农业经理人创新思维培养

培养创新思维和提高创造力的具体方法有以下七个方面：

（一）联想和想象是创新的基础

首先，必须掌握联想和想象的方法。

联想简单来说就是通过某人、某种事物、某一概念而想起其他相关的人、事物或概念。一般来说，联想的方法（规律）包括：① 相似或相关联想，比如看到鸟想到飞机；② 对比联想，比如看到白色想到黑色、看到沙漠想到绿洲；③ 因果联想，比如看到蚕蛹就想到飞蛾，早起起来看到地面潮湿想到夜间可能下过雨；④ 接近联想，比如看到春联想到春节，看到农产品想到农民、庄稼等。

想象则是在已有形象的基础上，在头脑中加工或创造出新的形象的能力。培养想象力首先要积累丰富的知识和见识；其次要保持和发展自己的好奇心；最后，要善于观察和感受世界。

（二）学会思维发散

具体对一件事物进行思维发散的时候，可以从事物的结构、功能用途、形态（如颜色、形状、声音、味道、明暗等）、方式方法等方面，像思维导图一样朝四面八方想，从而找到各种可能性。

（三）学会思维聚合

我们的思维既要放得开，也要收得拢，从而达到解决问题的目的。聚合思维说的是一种以目标为核心，从内容和结构上对原有的知识进行有目的的选择、重组、整合的能力。

练习思维的聚合（收敛）有两个步骤：首先要搞清楚目标是什么。不同的目标会得到不同的结果，通过明确目标剔除那些分散注意力的东西，然后才能以这个目标为核心进行收敛。其次，要找到问题的症结所在。运用收敛思维的过程，就是将研究对象的范围一步步缩小，最终揭示问题核心的过程，所以，找到问题的症结所在，是彻底解决问题的关键。具体的方法有很多，比如分析比较、归纳概括、演绎推理等。

（四）运用"加减"策略

"加"就是将本来不在一起的事物组合在一起，产生 1+1>2 的效果，或者赋予事物新的意义，使其更丰富饱满。培养加法思维，需要我们多观察、多思考，培养经常对双眼看到的事物"做加法"的能力，努力思考哪几种可以组合在一起，从而产生新的功能。比如，在一件东西上添加点什么；将两件事物结合会产生什么样的结果；把一个东西加大、加高、加厚一些行不行；等等。

同样地，培养减法思维，要经常对双眼看到的事物"做减法"。在观察事物时，经常问一问：把它减小一些、降低一些、减轻一些行不行、会怎么样。

（五）学会逆向思考

人一旦形成了某种认知，就会习惯地顺着这种思维定式去思考问题和处理问题，不愿也不会换个方向解决问题。逆向思维指为实现某一创新或解决某一用常规思路难以解决的问题，而采用反向思维寻求解决问题的方法。

练习逆向思维主要有 4 种方法：① 从已知事物的相反方向进行思考，先找准"正"与"反"两个对立统一的思维点，然后再寻找突破点。像大与小、高与低、热与冷、长与短、白与黑、歪与正、好与坏、是与非、古与今、粗与细、多与少等，都可以构成逆向思维。② 遇到问题找不到解决办法时，转换角度进行思考，具体转换角度的方法可以参考上面说的发散思维。③ 利用事物的缺点，将缺点变为可利用的东西，化被动为主动，化不利为有利。我们常说的将错就错就是这个意思。④ 改变问题。即一件事情如果找不到解决的办法时，可以试着改变这个问题，换一种方式进行提问。

（六）多读书、多学习、多观察和体验生活

思维不活跃、没有创造性的一个主要原因是见识少、知识积累量不够、视野太窄，所以思维容易被局限、浮于表面。

知识、见识的来源，包括读书、阅历以及与人的交流等。其中，读书是增长知识、开阔视野较为简单、广泛且系统的方法。在阅读积累方面，快速阅读的方法比较适用。合理运用快速阅读法对提高输入知识的效率是很有帮助的。在阅读、学习之后，可以借助写作的方式来整理思维，强化理解，让各种知识融会贯通，以此逐步升级自己的思维。

（七）学会激发灵感

灵感是很多创新的突破口，上面讲的所有方法其实都有助于激发灵感，除此之外，也可以参考"激发灵感三步法"：

第一步：打断。当苦苦钻研问题，却迟迟找不到方法时，我们要主动打断自己，让自己停下来去做点其他的事情。打断会让我们忘掉对问题的预先假设，从而开拓思路，帮我们找到新的解决方案。

第二步：激活。通过"放松、轻度用脑、高度用脑"三种休息方式转换思路，引发灵感。（放松比如听音乐、散步、慢跑等；轻度用脑比如看书、玩小游戏、看新闻等；高度用脑比如琢磨难题、切换做题等。）

第三步：有意识地进行反思。经过前两步，对于脑海里浮现出的一些观点、想法、念头，进行评估和思考，分析要如何使用它们。

本章小结

本章的主要内容包括创新思维的概念、特点、类型，分析影响创新思维的阻碍因素和实现因素，学习、掌握创新思维的方法。当面对不同的情况时，可以打破思维定式，用创新思维方法来找解决办法。创新思维的具备不是一蹴而就的，而是需要在生活、工作中遇到困境或是解决问题时，尽量打破思维定式来逐步培养的。

复习思考

① 请举例说明农业生产中有哪些创新思维体现。
② 创新思维有哪些类型和特点？
③ 阻碍思维创新因素有哪些？
④ 实现创新思维应该考虑哪些因素？
⑤ 如何培养创新思维？

第六章 "互联网+"农业

学习目标：

1. 知识目标
- 理解智慧农业、物联网的含义
- 了解智慧农业的发展现状和趋势
- 掌握智慧农业的定义和价值功能

2. 技能目标
- 能够区分物联网技术在种植业中的应用
- 能够区分物联网技术在养殖业中的应用

3. 素养目标
- 激励学生学科学、爱科学
- 培养绿色发展意识
- 培养学生科学发展观

第一节　智慧农业的发展

一、智慧农业概述

（一）智慧农业概念

智慧农业是将物联网技术运用到传统农业中去，运用传感器和软件通过移动平台或者电脑平台对农业生产进行控制，使传统农业更具有"智慧"。除了精准感知、控制与决策管理外，从广泛意义上讲，智慧农业还包括农业电子商务、食品溯源防伪、农业休闲旅游、农业信息服务等方面。

具体来说，"智慧农业"就是以人工智能技术手段装备的农业，包括种植业、畜牧业、渔业等细分领域，可以统称为"智能农业"或"智慧农业"。智能农业在运用现代生物技术、智能农业设施和新型农用材料的基础上，依托物联网技术，在农产品生产与加工、水产和牲畜养殖等方面结合大数据分析、决策和数字化控制，从而推行农产品的定制化生产、工厂化经营和互联网销售，有效实现农业生产资源的优化配置，形成产、供、销、一体化的现代农业经济。

（二）智慧农业的功能和作用

1. 有效改善农业生态环境

将农田、畜牧养殖场、水产养殖基地等生产单位和周边的生态环境视为整体，并通过对其物质交换和能量循环关系进行系统、精密运算，保障农业生产的生态环境在可承受范围内，如定量施肥不会造成土壤板结，经处理排放的畜禽粪便不会造成水和大气污染，反而能培肥地力等。

2. 显著提高农业生产经营效率

基于精准的农业传感器进行实时监测，利用云计算、数据挖掘等技术进行多层次分析，并将分析指令与各种控制设备进行联动完成农业生产、管理。这种智能机械代替人的农业劳作，不仅解决了农业劳动力日益紧缺的问题，而且实现了农业生产高度规模化、集约化、工厂化，提高了农业生产对自然环境风险的应对能力，使弱势的传统农业成为高效率的现代产业。

3. 有效转变农业生产者、消费者观念和组织体系结构

完善的农业科技和电子商务网络服务体系，使农业相关人员足不出户就能够远程学习农业知识，获取各种科技和农产品供求信息；专家系统和信息化终端成为农业生产者的大脑，指导农业生产经营，改变了单纯依靠经验进行农业生产经营的模式，一定程度上转变了农业生产者和消费者对传统农业落后、科技含量低的观念。另外，智慧农业阶段，农业生产经营规模越来越大，生产效益越来越高，迫使小农生产被市场淘汰，必将催生以大规模农业协会为主体的农业组织体系。

4. 促进了农业转型发展

发展智慧农业可以改变以往的高耗型生产模式，优化农业产业结构；发展智慧农业可以减少之前发展农业带来的环境污染，在提高农产品数量的基础上提高农产品的质量。

二、智慧农业在农业现代化中的应用

（一）智慧农业对于种植业的应用

众所周知，我国幅员辽阔、气候多变，农业生产活动分布极为广泛，农作物的类别、品种复杂且耕作制度差异较大，不同地理条件的农作物种植方式方法各不相同，传统方法难以准确获取相关数据。在农业面向信息化、数字化发展的过程中，必然需要一种能够对农作物、地理条件进行实时动态监测、分析的方法。

在传统模式中，农业管理者与农业设备的交互需要耗费大量的人力、物力，且效率往往不高；而若使用搭载人工智能技术的设备，则可以有效缓解农业管理者的压力，减少非必要劳动。例如，通过人工智能管理农田灌溉用水，甚至通过人工智能分析预测农作物正确的收获时间，有效减少土地对劳动力的需求量。例如在种植、管理、采摘、分拣等环节可以让智能机器人自行完成，实现农业种植的自动化与智能化；又如，根据土壤环境，结合市场行情预测，推测出今年这块地适合种玉米还是大豆。以往，农作物都是通过肉眼观察长势，而有

了人工智能，则可以预测天气状况，准确掌握浇水的正确时间，还可以通过人工智能+可视化管理的形式动态监测杂草和害虫问题。

基于可视化管理，农业管理者可远程观察农作物的长势，还可以利用定时抓拍功能，在农作物生长的关键节点进行记录，保留农作物生长过程中的关键瞬间，形成农作物的图片生长档案。同时，定时采集农区环境信息和图片，能为该地区的作物种植提供科学的气象数据。采集信息可统一管理与分析，为管理部门宏观决策提供数据支持。农作物生长过程中的定植、灌溉、施肥、用药各类农事作业的操作同样可以记录下来，实现作物种植全周期可追溯，生产企业可以自定义追溯环节，添加各种检测报告，丰富追溯内容。对消费者而言，可以通过相关资料查看生长全过程，从而放心地选购农产品，真正实现"买得放心，吃得安心"。

以智能温室为例，配备了现代传感和通信技术的智能温室是智慧农业的代表之一，可以24小时自动地捕获和传送来自周围环境和作物的数据。采集到的数据输入物联网平台，分析算法将这些数据转换成可操作性的洞察力，找出瓶颈和异常。所以，暖通空调、照明、灌溉和喷水等活动都可根据需要进行调整。不断进行数据监控有助于制定预测模式，以评估作物疾病和感染风险。在优化产量的同时，通过释放大量作物洞察力，智能温室让种植者最小化手工劳动，提高资源和肥料的使用效率。

总体而言，智能农业可以帮助农业管理者用更少的资源种植更多的作物。由人工智能与物联网驱动的智能农业可能成为农业的下一个风口。在人工智能的加持下，农业管理者按照田间每一块操作单元上的具体条件，更好地利用耕地资源潜力，科学合理利用物资投入，以提高农作物产量和品质，降低生产成本，减少农业活动带来的污染和改善环境质量，按业内人士的话说就是："以高新技术投入和科学管理换取对自然资源的最大节约和对农业产出的最大索取，主要体现在农业生产手段之精新，农业资源投入之精省，农业生产过程运作和管理之精准，农用土壤之精培，农业产出之优质、高效、低耗。"

1. 维持适宜的微气候条件

物联网传感器可以让种植者以前所未有的精确度来收集各种数据。这些系统能提供主要气候因素，包括温度、湿度、光照和二氧化碳在温室中的实时信息。

2. 加强灌溉和施肥

除环境参数外，智能温室还能让种植者了解他们的农作物生长状况。这样，就可以保证灌溉和施肥活动符合作物实际需要，从而获得最大产量。比如，土壤含水率的数据指示农作物是否缺水，同样，土壤盐分的测定可以帮助洞察施肥需求。根据这一数据，喷射器能够在满足实时作物需求的前提下自动开启，并减少人为干扰。

3. 控制传染病，防止疾病暴发

农作物传染病是一项长期的农业挑战，每次暴发都会严重危害农作物。用杀虫剂是可以的，但是农民一般不知道在什么时候用这些杀虫剂。过度频繁地使用杀虫剂还会带来生态问题、安全问题以及成本问题，而不使用杀虫剂可能导致有害疾病的暴发。借助机器学习平台，温室环境、外部气候和土壤特征的数据为我们揭示了有关害虫和真菌波及农作物的信息。如果需要的话，种植者可以使用这些数据进行精确的处理，以确保以最低的药量获得最健康的作物。

4. 防盗增强安全

生长高价值作物的温室很容易成为窃贼的目标。因为传统的闭路电视监控网络实施成本高，所以很多种植商不具备有效的安全系统。而智能温室里的物联网传感器就能提供可承受的基础设施，可以监控门状态和可疑活动。连接到一个自动报警系统，一旦有安全问题，设备将立即通知种植者。

（二）智慧农业在养殖业中的应用

随着国内农村产业结构的调整，规模化畜禽养殖发展迅速。养殖规模越来越大，畜牧生产发生了质的变化，逐步发展成为一个独立的产业。十年来，我国畜产品供应能力稳步提升，2021年全国肉类产量比2012年增长6.1%，禽蛋产量比2012年增长18.1%，乳产品市场供应充足、种类丰富，保障了重要产品供给和国家食物安全。畜牧业在发展农村经济中的作用越来越为各级政府所重视，在许多地方被列为支柱产业，成为农民收入的重要来源。畜禽养殖方式和养殖规模发生了重大变化。过去的畜禽业多为分散经营，在农村中仅作为副业生产。规模化畜禽养殖业迅猛发展，现已经成为一个独立的行业。

2022年是"十四五"时期全面推进乡村振兴、加快农业农村现代化的关键之年。一根网线连起城乡，养殖业正借助日新月异的数字技术转型升级，成为乡村数字经济发展的热点。

智慧农业改变了农业养殖行业的生产方式、组织方式以及发展方式，通过自动化、信息化、智能化的手段，实现了农业养殖的标准化生产、规模化经营，以科技作为农业养殖的支撑，为养殖行业的创新发展提供了支持和保障。养殖业往往受养殖品种、饲料种类、质量、疫病、生产环境和管理水平等因素的影响，所以科学养殖显得尤为重要。智慧养殖将物联网技术与养殖业结合起来，形成了以物联网技术为支撑的畜禽标准化养殖、环境因素检测与调控、畜禽电子溯源等模式。

1. 畜禽标准化养殖

大部分规模畜禽养殖场内都安装了基于物联网技术的视频监控系统，即通过计算机将多台小型摄像机进行有线或无线串联。摄像机可实时捕捉养殖场内畜禽进食、生长繁殖、消毒防疫等情况，同时也可保存所有前期视频，养殖者或参观者可通过计算机或手机查看任意时间和区域的图像资料。这种方式不仅提升了养殖者对畜禽生长情况的了解，也减少了人为出入的次数，降低了外来疫病传入的风险。物联网所搜集的畜禽发育繁殖数据，还可为品种培育提供科学依据和最佳方案，根据畜禽外貌特性、繁殖能力及副产品质量等参数在计算机中进行数据录入，同时构建系谱树，根据产品需求编写程序，经公式验算，辅以人工筛选，获得较为科学的配种方案。

2. 环境因素监测与调控

物联网可根据畜禽的日龄及气温变化，自动调整饮水量和饲喂量，可优化饲料转换率，节约用水，提高经济效率。同时，还可用于资源环境检测，通过各种传感器采集畜禽舍的温湿度、光照时间、氨气浓度、二氧化碳浓度等相关数据。借助软件统计分析，养殖者可以通过手机或电脑远程登录控制平台软件，操控温度湿度、光照、通风等设备；也可通过预先设计的软件让系统根据情况自动调整。

3. 畜禽电子溯源系统

农产品电子生产溯源系统由国家商务部中国国际电子商务中心诚信农商网创建。通过借鉴日本农产品质量安全管理体系的成功做法，联合 CPC 商务产品编码体系，对农产品生产记录全程进行"电子化"管理，为农产品建立透明的"身份档案"。在养殖环节，将电子标签穿戴于畜禽身上，使产生的数据与区块链平台进行对接，记录养殖过程中的身高体重、免疫程序、环境因子、产品加工等信息。在消费环节，消费者可通过特定条码或二维码，快速查询到相关生产信息，实现"知根溯源"，从原料采集、物流运输、商店销售等信息全程追溯。该系统满足了消费者的知情权，使消费者实现了放心采购和消费。

农产品电子生产溯源系统不仅可帮助消费者构建可信食品追溯系统，还为打造品牌农产品提供了便捷的通道。日本的全程电子追溯系统应用较为普遍，由于其人多地少的基本国情，日本农场主在种植及养殖的过程中，处处体现了精细化、贵族化的生产模式，大部分高价位农产品在超商出售时会标明产地及畜禽的编号。同时，这也是农场主对产品自信的表现，消费者在多次消费对比后，会挑选最优的品种购买，这样的优胜劣汰造就了许多耳熟能详的经典品种，如日本和牛、红富士苹果、阳光玫瑰葡萄等。

三、智慧农业发展现状

（一）国外智慧农业发展现状

20 世纪 80 年代智慧农业首先在美国兴起。近几年来，智慧农业发展迅速，欧美等发达国家针对智慧农业的发展相继出台了扶持政策、措施和发展规划。欧洲农业机械协会（European Agricultural Machinery Association，CEMA）于 2017 年 10 月提出未来欧洲农业的发展方向为智慧农业。日本于 2014 年和 2015 年分别启动了"战略性创新/创造计划（Cross-Ministerial Strategic Innovation Promotion Program，SIP）"和基于"智能机械+现代信息"技术的"下一代农林水产业创造技术"。

美国先后出台了几项与农业信息化有关的支持政策，并经过一系列技术革新后智慧农业逐渐走向成熟，其技术变革主要包括以下三个方面：

第一，农业生产经营利用物联网和大数据分析，实现数据共享；

第二，农产品流通采用电子商务模式；

第三，注重现代科技投入与政策支持。

到 2020 年美国平均每个农场有 50 台物联网设备与之连接，基本实现了生产和营销的一体化。

随着传感器和摄像头等硬件和信息技术等软件的发展，不同国家根据自身农业相关优势产业，利用多种传感器与人工智能结合，助力相关产业发展，并在相关领域率先突破。以色列通过对每只牲畜安装传感器或摄像头，促进畜牧业的精细化管理；西班牙科学家利用 pH 传感器检测和调节水培农业中营养液的 pH 值，促进花卉和蔬菜产业的工厂化管理，同时为了优化用水量并减少因大量用水带来的环境问题，研发水管理和水循环利用系统，以确定灌溉系统中与水量、水质、土壤特性、天气状况和肥料用量有关的参数；巴西人则提出 Smart & Green

框架来为智能灌溉提供服务，该框架通过预测土壤水分以达到合理灌溉，平均可以节约56.4%至90%的灌溉水，达到精细化管理的同时节约水资源。

以下从三个领域介绍国外智慧农业发展情况：

1. 小麦无人化农场

2017年9月，英国哈普阿丹姆斯大学与Precision Decision公司合作的项目Hands Free Hectare收割了全球第一批全过程没有人工直接介入的麦子。这个试验田里，拖拉机、探测车、收割机等都是在传统机器的基础上进行改造得到的。其中，无人机除了能够绘制路径、进行GPS定位之外，还能联合别的装置进行许多耕种的工作。这个项目的目标就是证明全程自动化的农业活动是没有技术问题的。

2. 农业生产智能管理与数据技术

在农业生产管理的智能分析方面，已有一些成果。比如Descartes Labs，依托于Amazon的AWS大数据的存储和Google的云计算，通过对包含可见光和红外光谱的卫星图像进行校准和分析，为农作物提供智能监测解决方案，打造了一个搭载人工智能的超级云计算平台，每天可以读取和处理近5TB的新数据，通过分析千万亿像素的巨大图片，并将其与过去的数据进行对比，再利用其研发的全自动算法，可以确定一片土地是否适合种植玉米、大豆或其他农作物，并估算它们的发芽率。农业数据技术创新企业Resson开发了一种图像识别算法，能够更准确地检测和分类植物害虫与疾病。农业AI公司AgVoice也为作物观察专家和农学家开发了一套自然语言处理工具包，它可以对导致大豆突然死亡的真菌疾病进行分析。

3. 智能农业机械

美国约翰·迪尔S790联合收割机，可以配备AutoTrac（ATU）自动导航系统，通过星火网络系统进行差分校正，实现自动导航驾驶。其中，定位卫星（GPS/GLONASS）、专属国际移动通信卫星、专门数据处理中心、六个地球地面陆基上行站以及26个地面参考站构成完整的星火网络系统。配备新型STS脱粒分离滚筒，滚筒尺寸为762 mm×3124 mm，清选面积为5.9 m²，粮箱容积14 100 L，卸粮速度135 L/s；可挂接24行玉米割台；配备约翰·迪尔6缸13.5 L发动机，额定功率达到405 kW；悬浮轨道系统保证40l m/h高速平稳行走。电液差速锁在泥泞环境中提供更大的牵引力，采用闭心液压系统，待机压力低，整体可靠性高。集成的多个电子传感器可以实现作物水分、损失监测调整、产量监控等功能，使农业生产更加智能和精准。

2018年，瑞士Eco Robotix团队研发的一款太阳能除草机器人，采用人工智能和机器人技术，利用太阳能提供动力，通过两个机器人平衡臂施加微量剂量的除草剂，能够精确和快捷地把除草剂喷洒到不需要的植物上，这样减少了除草剂的数量和除草所需的工作时间，能更高效、可持续地使用除草剂，从而降低了农民的成本。帮助农民生产更健康的生态食品，可持续性地将农产品推向市场。

由Harvest CROO（HCR）推出的草莓机器人，由6个食品级硅爪组成，每台硅爪分布96个采摘单元。通过安装的激光雷达系统，提供360度三维视图扫描，精确地定位成排的草莓。利用人工智能和机器学习视觉系统对植物上的每一个浆果进行扫描，以确定它是否成熟、健康、是否可以采摘。再通过旋转硅爪采摘草莓之后，输送皮策轮的顶端，并能够完全自主避免与成排作物、人和其他障碍物发生碰撞，这样既保证了采摘草莓的质量和成熟度，也确保了采摘技术的精度与安全性，能不损坏果实，而且收获效率高。

（二）国内智慧农业发展现状

我国 2014 年提出"智慧农业"的概念，与美国相比落后大约 30 年。我国在农业上应用信息技术起步较晚但发展较快。由于我国区域间经济发展不均衡，智慧农业在不同地区发展差异较大，东部地区因地理优势和经济因素在智慧农业发展上取得了显著成果，西部地区山区多，发展相对较慢，并且还存在原始的传统农业。我国智慧农业的发展在 2009—2015 年进入缓慢增长期，"没有农业农村的现代化，就没有国家的现代化。因此要大力发展数字农业，实施智慧农业林业水利工程，推进物联网试验示范和遥感技术应用"，这是《国家乡村振兴战略规划（2018—2022 年）》和《中共中央 国务院关于实施乡村振兴战略的意见》两个重量级的中央文件明确提出的，也为实施乡村振兴战略、智慧农业工程，推动农业全面升级、农村全面进步奠定了良好的政策基础。国家发展改革委、农业农村部等七部门于 2020 年印发《关于开展国家数字乡村试点工作的通知》，通知要求"数字乡村试点工作"要在全国范围内开展和推广，2016—2020 年进入快速增长期。我国智慧农业科学研究在实验室中的进展迅速，但在实际应用中进展缓慢，并且依托现代化农业设施的发展，主要集中在农田改造、水利设施、电力设施等方面。部分地区发挥其独特优势，尽管总体经济落后，但智慧农业发展较快。2016 年，新疆地方政府大力倡导智慧农业概念，新疆生产建设兵团利用智能专家系统与专家智慧库等技术在呼图壁县红柳塘示范园区进行棉花种植生产布局，并重点建设了"123 工程"，因地制宜，大大推进了当地棉花产业体系的快速发展。

近年来，浦东新区在智慧农业发展中成果颇丰。第一，初步建立了智慧农业发展体系，建立了大数据中心、智慧农业工作机制和研发平台；第二，建立"农民一点通"和"惠农通"等服务平台，加强对农民生产技术上的指导；第三，建立了田间档案记录及二维码管理的农产品监控与追溯系统，及时记录农产品生产过程中的播种、施肥、施药等各种数据，为农产品的质量安全提供保障；第四，物联网建设试点初步建立，现有 19 家智慧农业示范基地，主要利用传感器在大棚中运用"水肥一体化"技术进行生产；第五，推动智慧农业发展的同时带动了一批高科技企业，例如，上海孙桥农业园区、多利农庄等。2020 年，广东建立了以政府为主的投资引入民间资本，通过"1+4+N"模式发展智慧农业，即以"基础设施、平台载体、龙头企业和新型农民"为核心要素，优先在农业生产经营管理及农产品质量安全等 N 个场景和领域进行推广应用，获得了良好的效果。

经过近十年的发展与建设，我国智慧农业虽然取得了良好的成绩，但总体技术水平与发达国家相比仍有较大差距，基础研究和技术积累不足。我国智慧农业体现在部分特定领域上实现浅层应用。在种植前，可以实现运用 GIS、遥感测控、无人机等技术和设备对基本农田情况进行监测，提供种植指导。在种植管理环节，借助农业传感器、物联网等技术，实现对农作物生长的关键指标进行监管和自动调节。在大数据应用上，基本已经形成了覆盖主要农作物的大数据平台，可结合相关分析技术，对主要农产品提供监测预警、价格指导功能。但总体布局上，我国智慧农业整体仍处于"单点应用"阶段。

1. 华为农业沃土云平台

为解决全球饥荒问题，华为以袁隆平的"海水稻"（耐盐碱地水稻）为突破口，布局智慧农业。华为与袁隆平双方将共同研发并向客户提供农业物联网系统解决方案，即位于青岛城阳的沃土云平台（农业私有云）。

在"海水稻"的培育过程中，能让盐碱地上长出水稻，除了需要培育新的水稻品种外，还需要对植物和土壤进行调节，而这一套系统的基础就是华为所参与的"要素物联网系统"（土壤数字化）。该系统地上部分配有小型气象站、通信模块、高清摄像头，地下、地表则通过各种传感器（射频技术）对光照、温度、盐碱度等信息进行收集，然后传送到华为云端大数据中心，通过 AI 人工智能系统和专家诊断，提供靶向药品，定向施肥，减少用水量，施肥量。

华为农业沃土云平台，一是提供先进的智慧农业技术系统和应用；二是与其他农业大数据公司开展合作，形成一个具体的解决方案。依托华为大数据技术打造的农业沃土云平台，是一套集成了传感器、物联网、云计算、大数据的智能化农业综合服务平台，整合了上游传感器供应链、下游农业管理应用商等资源，将为盐碱地稻作改良和智慧农业发展，提供平台化、标准化和共享化服务。主要包括大数据 AI 分析决策支持系统、土壤改良大数据管理系统、精准种植管理系统、精准作业管理系统、病虫害预警诊断管理系统、智慧农业视频云管理平台、农业云计算中心、指挥调度服务中心等，能够实现农业生产环境的智能感知、智能预警、智能分析、智能决策和专家在线指导。

2. 智能农机自动导航技术

2019 年 5 月，在第三届世界智能大会智能农业分论坛 MAP 农场，丰疆智能高速插秧机可无人驾驶行进、插秧，快到田埂时还会自动转弯和掉头，而由其操作的秧苗间距整齐，插入深度均匀。此外，可以通过设备上的天线接收北斗卫星信号，并根据卫星图和预先设定的参数完成自动转向等工作，精确度达到厘米级，但需要人工补充秧苗。

2019 年 12 月，在雷沃智慧示范农场，丰疆智能高速插秧机现场演示了"无人农机"种地的场景。从土地耕整到粮食播种，再到植保、粮食收割，整个过程完全实现无人化、自动化，装备作业全程还可以通过全国农机大数据中心的显示屏实时观看。

2020 年 10 月，在北大荒与碧桂园农业共同举办农机无人驾驶作业现场演示会上，来自国内外 17 家企业的 44 台件农机具参加了无人化农场项目试验示范演示，分别完成了水稻、玉米、大豆三大农作物从耕、种（插）、管、收、运农业生产全过程的 20 项作业内容。此次活动集中体现水稻、玉米、大豆三大作物农业生产田间各个环节农机无人驾驶作业的功能。

3. 中国移动 5G 智农业，数字慧生产

2020 年 11 月，第十八届中国国际农交会"2020 年中国移动 5G+智慧农业论坛"的主题是"5G 智农业，数字慧生产"。在会议上，中国移动正式发布了 5G+智慧农业系列产品，将 5G 通信网络、人工智能、物联网、云计算、大数据等前沿技术融合应用于乡村治理、精准种养殖、农机管理、农产品溯源和数字农业产业园等方面，全面助力农业实现生产智能化、经营网络化、管理数据化和服务在线化。

四、国内智慧农业发展的问题

目前，国内智慧农业的发展还存在以下问题：

第一，实施智慧农业所需现代信息技术的专业人才不足。智慧农业的发展需要通过物联网、大数据、人工智能和智能设备等现代信息技术与农业完成深度跨界融合。但目前是从事农业的人不懂IT，懂IT技术的人不懂农业，两者的融合流于表面。

第二，农业科技投入和信息化水平不高。农业科学技术水平及含量普遍较低，多功能、双工、实时监控等农业操作难以实现，致使农业生产效率极低。智能化的高端农机设备比较短缺，从国外进口是主要的获取途径；大型的、智能化、信息化等国产智能化机械设备很少，制约着农业生产的智能化发展。

第三，要素资源对智慧农业的发展影响极大。农业资源要素利用效率低制约着智慧农业的发展。从劳动力的角度来看，中老年人和妇女是从事农业生产的主力军，受传统思想所限，他们对现代新兴技术接受慢，对农业新技术的需求不足。从土地要素来看，现阶段农业生产还是以家庭为主的小作坊式经营，农村耕地复种比例低，被荒废的耕地比比皆是，农村土地流转不畅，给农业产业化和规模化经营带来极大的影响。

第四，智慧农业是农业生产的高级阶段，需要与物联网技术、大数据技术、人工智能等现代信息技术高度融合。目前，处于从萌芽阶段向成长阶段过渡的智慧农业，多数是处于试点示范阶段，大规模商业应用尚未形成。从生产、商品、利润、组织等方面看，由于技术装备成本高，市场不成熟，规模化、标准化程度低，智慧农业尚未真正实现产业化。

五、智慧农业的发展趋势

美国、日本等发达国家的农业实践表明，智慧农业是农业发展进程中的必然趋势。

国外在温室生产中，采用物联网相关技术调控温度湿度、营养液供给以及pH值（氢离子浓度指数）、EC值（可溶性盐浓度）等，使设施蔬菜栽培条件达到最适宜的水平。荷兰设施蔬菜平均年产量能达到每亩50 000 kg，而我国设施蔬菜的产量仅为它们的1/4～1/3。在人力方面，国内设施蔬菜生产仍以人力为主，劳动强度大，温室年平均用时达每亩3600 h以上。人均管理面积仅相当于日本的1/5，西欧的1/50和美国的1/300，差距显而易见。

我国是传统农业大国，农业是我国国民经济的基础，因此农业是我国发展的重点领域。随着社会的发展，我国农业面临以下问题：第一，人多地少。除了工业用地、城市建设用地、交通用地，未来还要考虑环保和绿色用地，农业用地会越来越少。第二，我国农作物的单产并不高。比如粮食虽然有很多品种，但因为劳动效率太低，全年产量有限。第三，设施农用地供给不足，管理弹性不够。一方面农业产业发展需要仓库、场地及管理用房等；另一方面，栽培模式创新和智能化设施装备的广泛应用也需要硬化土地，但设施农用地供给相对不足。

另外，我国西部地区地广人稀，有较好的规模经营基础，但我国又是耕地严重不足的国家，同时西部地区现阶段水资源开发利用不合理，灌溉等管理方式比较落后，造成土壤复原能力差、草场退化、土地次生等问题比较严重。智慧农业可以使土地得到科学利用，作物得到合理种植，从而节省时间和资源，提高工作效率，减少不必要的人力、财力，最大限度地降低成本。比如，智慧农业通过对庄稼肥力、水分的检测，可以科学合理地指导施肥和浇水。据统计，使用现代农业技术的农户可以节省 30%的浇灌用水，这样不仅能大大节约各种资源，而且还能大大提高作物的产量。而从智慧农业的发展趋势来看，主要呈现以下趋势：

（一）大数据技术应用增多

大数据技术可能比较空泛，举个例子，比如大棚种植的黄瓜，从黄瓜苗发芽—移栽—生长—开花—结果—采摘，有无打药等数据均有记录，并生成以时间为坐标的数据记录，便于消费者查询、食品安全部门监督、种植者分析调整种植方案等。大数据技术的应用，正全面渗透在整个农业生产环节中，从种子肥料开始，到生产、加工、物流运输，再到销售、端上消费者的餐桌，最后到厨房垃圾处理等一系列的全过程，需要大量数据来支撑和构建这样一个数据库系统。

（二）智能化设备应用广泛

智能化设备包括物联网硬件设备、自动化农机设备、机器人、无人机等，目前应用比较多的当属传感器、无线感知设备、数据采集器等设备，其他设备的应用推广空间较大。

（三）无人化、少人化

这个发展趋势一定程度是由于人口减少造成的，农村劳动力或者说农业从事人数减少，加之传统农业劳动强度大、收益低等不足，造成了农田荒废、无人种地的现状，无人、少人化种植，是缓解方式之一。

（四）生产方式升级

现代农业生产模式借助大批智能化农业设备，改变传统一家一户的小规模种植、养殖模式，逐步走向工厂化种植、规模化养殖等模式。发展智慧农业，已经成为一个重要的趋势和方向，而当下除了硬件方面的技术要求有待提高之外，还需要培养大量跨行业的新型技术人才来驾驭运用智慧农业系统，即需要具备操作各类农机设备，懂得电子商务运营，掌握计算机、物联网、机械等多领域专业知识，同时具有工匠精神的农业爱好者，他们有长期耕耘农业的打算，能够推动农业生产模式的升级与发展。

第二节 农业物联网的应用

一、物联网概况

（一）物联网是什么

物联网就是万物相连的互联网，它是基于互联网、电信网等信息承载体，让所有能被独立寻址的普通物理对象实现互联互通的网络。

通俗地讲,物联网是指各类传感器、RFID和现有的互联网相互衔接而形成的一种新技术。物联网以互联网为平台,在多学科、多技术融合的基础上,实现了信息聚合和泛在网络。物联网有以下两层含义。

第一,物联网的核心和基础仍然是互联网(网络具有泛在性和信息聚合性,如图6-1所示),它是在互联网基础上的延伸和扩展。

第二,物联网的客户端延伸到了物品与物品之间,方便它们进行信息交换和通信。

物联网是下一代互联网的发展和延伸,因为它与人类生活密切相关,因此被誉为继计算机、互联网与移动通信网之后的又一次信息产业浪潮。

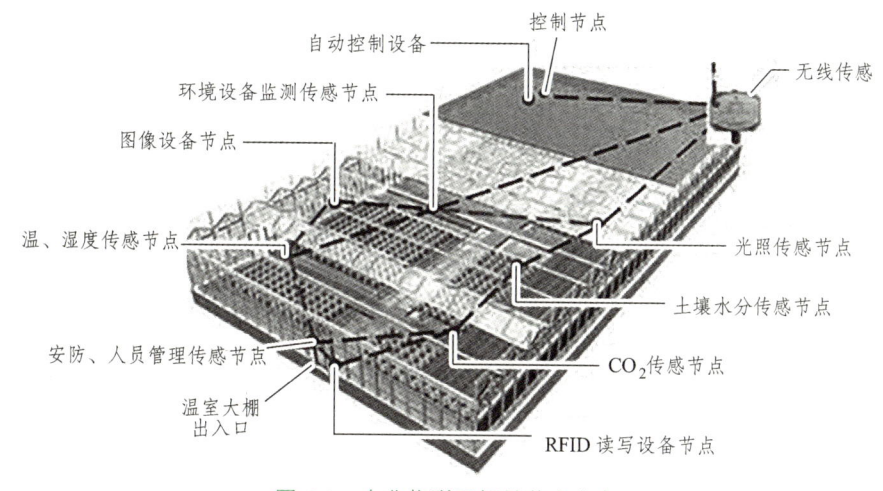

图6-1 农业物联网相关节点分布

(二)物联网的体系结构

物联网的体系分为感知层、网络层和应用层。

1. 感知层

感知层相当于人体的皮肤和五官,主要用于识别物体,采集信息,具体包括二维码标签和识读器、RFID标签和读写器、摄像头、传感器及传感器网络等。

感知层要解决的重点问题是对物体的感知和识别,通过RFID、传感器、智能卡、识别码、二维码等对感兴趣的信息进行大规模、分布式的采集,并对其进行智能化识别,然后通过接入设备将获取的信息与网络中的相关单元进行资源共享与交互。

2. 网络层

网络层相当于人体的神经中枢和大脑,主要用于传递和处理信息,包括通信与互联网的融合网络、物联网管理中心、物联网信息中心和智能处理中心等。

网络层主要用于信息的传输,即通过现有的三网(互联网、广电网、通信网)或者下一代网络(Next Generation Networks,NGN),实现数据的传输和计算。

3. 应用层

应用层相当于人类的社会分工,它与行业需求结合,实现业务的广泛智能化,是物联网与行业专用技术的深度融合。

应用层完成信息的分析处理和决策，并实现或完成特定的智能化应用和服务任务，以实现物与物、人与物之间的识别与感知，最终发挥智能作用。

（三）农业物联网

1. 农业物联网的定义

农业物联网，即在农业生态控制系统中运用物联网系统的温度传感器、温度传感器、pH值传感器、光传感器、CO_2 传感器等设备，检测环境中的温度、相对湿度、pH 值、光照强度、土壤养分、CO_2 浓度等物理量的参数，通过各种仪器仪表实时显示这些参数，并将这些参数作为自动控制的参变量使其参与到自动控制中，保证农作物有一个良好的、适宜的生长环境。技术人员在办公室就能监测并控制农作物的生长环境，也可以采用无线网络测量获得作物生长的最佳条件，为精准调控提供科学依据，实现增产、改善品质、调节生长周期、提高经济效益的目的。

2. 农业物联网的架构

通常情况下，应用在农业系统的物联网包括物联网感知层、物联网传输层和物联网应用层。

（1）物联网感知层

物联网感知层由各种传感器组成，如温、湿度传感器，光照传感器，二氧化碳传感器，风向传感器，风速传感器，雨量传感器，土壤温、湿度传感器等。该层的主要任务是将大范围内农业生产的各种物理量通过各种手段，实动地转化为可处理的数字化信息或者数据。

信息采集层的主要任务是标记各种信息，并通过传感等手段，采集这些标记的信息和现实世界的物理信息，并将其转化为可供处理的数字化信息。

信息采集层涉及的技术和设备有：二维码标签和识读器、RFID 标签和读写器、摄像头、GPS、传感器、终端、传感器网络等。

（2）物联网传输层

物联网传输层由互联网、广电网、网络管理系统和云计算平台等各种网络组成。

该层的主要任务是将采集层采集到的农业信息，通过各种网络技术汇总，并将大范围内的农业信息整合到一起。信息汇总涉及的技术有有线网络、无线网络等。

（3）物联网应用层

物联网应用层是物联网和用户的接口，它与行业需求结合，实现物联网的智能应用。

该层的主要任务是汇总信息，并将汇总而来的信息进行分析和处理，从而将现实世界的实时情况转化成数字化的认知。

应用层是农业物联网的"社会分工"，它与农业行业需求结合，实现了广泛的智能化。

二、物联网在种植业上的应用

（一）大田种植物联网解决方案

中国是以种植水稻为大宗的农业大国，稻区辽阔，主产区分布于秦岭—淮河一线以南（如长江中下游平原、珠江三角洲、东南丘陵、云贵高原、四川盆地等地），种植总面积大约在

4.3亿~4.4亿亩（1亩≈666.7平方米）。水稻种植从原始人耕作发展到机械耕种，这是农业发展的一大进步，基于农业种植稻田分布广泛、人工成本高、耗时长、耕作信息采集残缺、不及时等特点，新型物联网种植的出现使现代农业实现了又一次质的飞跃。

1. 大田种植物联网简介

大田种植物联网以先进的传感器、物联网、云计算、大数据以及互联网等信息技术为基础，由监测预警系统、无线传输系统、智能控制系统及软件平台构成，通过统一化的监控与管理监测区域的土壤资源、水资源、气候信息及农情信息（苗情、培情、虫情、灾情）等，构建以标准体系、评价体系、预警体系和科学指导体系为主的网络化、一体化监管平台，使大田种植真正做到长期监测、及时预警、信息共享、远程控制，最终改善产量与品质。

大田种植物联网可以连通相对孤立的信息节点，从而实现信息的及时上传下达。此外，政府部门统一管理，分析以市、县、乡、村、场为基点的信息，这些信息为政府部门宏观决策提供数据支持。

2. 大田种植物联网的功能

大田种植物联网应满足的功能见表6-1。

表6-1 大田种植物联网的功能

序号	功能	说明
1	农田"四情"监测	农田"四情"是指利用物联网技术，动态监测田间作物的培情、苗情、病虫情及灾情的监测预警系统。用户可以通过电脑和手机随时随地登录自己专属的网络客户端，访问田间的实时数据并进行系统管理，实时监测每个监测点的环境、气象、病虫状况、作物生长情况等。该系统可结合系统预警模型，实时远程监测与诊断作物，并获得智能化、自动化的解决方案，实现作物生长动态监测和人工远程精准管理，保证农作物在最适宜的环境条件下生长，提高农业生产力，增加农民收入。
2	温、湿度监测	温度传感器监测农田环境的空气温、湿度，地表温、湿度，土壤温、湿度等，并能采集、分析、运算、控制、存储、发送数据等。
3	光照度监测	光感和光敏传感器监测、记录农田光线的强度，无线传输技术将相关数据传送到用户监控终端。
4	CO_2、O_2浓度监测	农田部署CO_2浓度传感器能实时监测二氧化碳的含量，当浓度监测度超过系统设定的阈值范围时，传感器通过无线传输技术将相关数据传送到用户监控终端，并由相关工作人员做出相应的调整。
5	田间小气候观测	农田小气候观测站可直接测量常规气象因子（大气温度、环境温度、平均风速风向、瞬时风速风向、降水量、光照时数、太阳直接辐射、露点温度、土壤温度、土壤热通量、土壤水分和叶面度），还可以测量水面蒸发、太阳光合有效辐射等多种要素。雨量、风速、风向、气压传感器可收集大量的气象信息，当这些田间小气候观测值超出正常范围时，用户可及时采取防范措施，减轻自然灾害来的损失，进而更好地指导农业生产。

续表

序号	功能	说明
6	灌溉及设备联动控制	水灌溉与农药喷洒采用一套管线系统，根据植物生长模式，系统可通过自动、手动方式进行相应的操作。
7	报警控制	用户可设定某些参数指标的上限和下限，当实际参数高于或低于某个温度时，系统都会产生报警信息，并显示在上位机中控平台和现场控制节点。报警系统可将田间信息通过手机短信和弹出到报警控制主机界面两种方式告知用户。用户可通过视频监控查看田间的情况，然后采取合理的方式应对田间具体发生的状况。
8	自定义控制模式	根据农业大田种植监测的需要，用户可个性化地定制一些相应的监测项目及控制内容，监测和控制模拟信号、数字信号、开关值自定义控制模式号和频率信号等。

3. 大田种植物联网的系统构成

大田种植物联网的配置构成见表6-2。

表6-2　大田种植物联网的配置构成

序号	构成部分	说明
1	地面信息采集系统	①该系统使用地面温度、湿度、光照、光合有效辐射传感器采集信息。通过这些信息，用户可以及时掌握农作物的生长情况。当农作物的这些因素生长受限时，用户可快速反应，并采取应急措施； ②该系统使用用量、风速、风向、气压传感器收集大量的气象信息，当这些信息超出正常值时，用户可及时采取防范措施，减轻自然灾害带来的损失。
2	地下或地下水信息采集系统	①该系统可采集地下或水下土壤温度、水分、水位、氮磷钾、溶氧、pH值的信息； ②该系统检测土壤温度、水分、水位是为了合理止损，杜绝水源浪费和地下或水下大量灌溉导致的土壤养分流失； ③该系统检测氮磷钾、溶氧、pH值信息，是为了全面检测土壤养分的含量，准确指导水田合理施肥，提高产量，避免由于过量施肥导致的环境问题。
3	信号传输系统	该系统采集远程无线传输数据。信号传输系统主要包括电源信号的传输、视频信号的传输和控制信号的传输三部分。
4	视频监控系统	视频监控系统是指摄像机通过同轴视频电缆将图像传输到控制主机中，实时监控植物的生长信息，用户在监控中心或异地互联网上即可随时查看视频监控系统监测到的作物生长情况。
5	报警系统	用户可在主机系统上给每一个传感器设备设定合理范围，当地面、地下或水下信息超出设定范围时，报警系统可将田间信息通过手机短信和弹报警系统出现到主机界面两种方式告知用户。用户可通过视频监控查看田间的情况，然后采取合理的方式应对田间具体发生的状况。

续表

序号	构成部分	说明
6	软件平台	① 电脑管理软件平台：办公室内安装工控机和显示器实时在线显示农业大田间采集到的数据信息，并以实时曲线的方式显示给用户。工作人员根据农田的具体情况设置温度、湿度等参数阈值。在监测时，如果工作人员发现有监测结果超出设定的阈值，系统会自动发出报警提醒工作人员，报警形式包括声光报警、电话报警、短信报警、E-mail 报警等； ② 大屏信息显示发布平台：软件平台大型 LED 显示屏主要在农田中心地带显示实时数据与指示设备动作，提升基地项目整体形象，同时也方便了管理员对日常数据的检查并给实时信息提供了参考； ③ 智能手机 App 远程监测平台：用户可以通过手机端操作基于安卓智能手机端的 App 远程监测平台，远程随时随地查看自己农田的环境参数。

（二）设施农业物联网解决方案

设施农业属于技术密集型产业。它是利用人工建造的设施，使传统农业逐步摆脱自然的束缚，走向现代工厂化的现代农业。同时它也是农产品打破传统农业季节性的限制，实现农产品反季节上市，进一步满足多元化、多层次消费需求的有效方法。

设施农业物联网解决方案主要由温度传感器、温控仪、湿控仪和空气测试仪等设备，通过 RS485 总线和数据采集与传输设备相连，将温度、湿度等数据实时地通过中国移动的 TD 或 GPRS 网络传送到远程智能系统，再将数据通过手机或手持终端发送给农业人员、农业专家，远程指导农业专家，并为他们的方案决策提供数据依据。

设施农业现场主要以大棚生产为主，所以，本节以大棚的农业物联网解决方案进行说明。

1. 温室大棚

温室大棚能透光、保温（或加温），且温室大棚多用于低温季节喜温的蔬菜，花卉、林木等的栽培或育苗等。温室依不同的屋架材料、采光材料、外形及加温条件等又可分为很多种类，如玻璃温室、塑料温室、单栋温室、连栋温室、单屋面温室、双屋面温室、加温温室、不加温温室等温室结构。温室大棚应密封保温，但又应便于通风降温。现代化温室中具有控制温、湿度，光照等条件的设备，生产者用电脑自动控制可创造农作物植物所需的最佳环境条件。

2. 温室大棚物联网的应用

温室成片的农业园区接收无线传感汇聚节点发来的数据，并对其存储、显现和办理，可完成一切基地测试点信息的获取、办理和剖析，以直观的图表和曲线显现给各个温室的用户，并依据生产者种植农作物或栽培植物的需求提供各种声光报警信息和短信报警信息，完成温室集约化、网络化的长途办理。此外，物联网技术可运用到温室生产的每一个期间，剖析不同期间农作物/植物的生长和环境因子，并反映到下一轮的生产中，最后完成更精准的办理，取得更优异的商品。

3. 温室大棚物联网系统的功能

温室大棚应用物联网系统应满足的功能见表 6-3。

表6-3 温室大棚应用物联网系统的功能

序号	功能	说明
1	温室环境实时监控功能	①用户通过电脑或者手机远程查看温室的实时环境数据,包括空气温度、空气湿度、土壤温度、土壤湿度、光照度、CO_2浓度、O_2浓度等视频数据,并可以保存录像文件,防止农作物被盗等; ②用户能收到温室环境报警记录及时提醒,用户可直接处理报警信息,系统记录处理信息,还可以远程控制温室设备; ③用户可以远程、自动化控制温室内的环境设备,提高工作效率,如自动灌溉系统、风机、侧窗、顶窗等; ④用户可以直观查看温室环境数据的实时曲线图,及时掌握温室农作物的生长环境。
2	智能报警系统功能	①系统可以灵活地设置各个温室不同环境参数的上下阈值,一旦采集到的参数超出阈值,系统可以根据配置,通过手机短信、系统消息等方式提醒相应的管理者; ②报警提醒内容可根据模板灵活设置,根据不同用户需求可以设置不同的提醒内容,最大限度地满足用户个性化的需求; ③用户可以根据报警记录查看关联的温室设备,更加及时、快速地远程控制温室设备,高效处理温室环境问题; ④用户可及时发现不正常状态的设备,通过短信或系统消息及时告知管理者,保证系统的稳定运行。
3	远程自动控制功能	①系统通过先进的远程工业自动化控制技术,让用户足不出户便能远程控制温室设备; ②用户可以自定义规则,让整个温室设备随环境参数的变化自动采取相应的操作,比如当土壤湿度过低时,温室系统自动浇水; ③提供手机客户端,用户可以通过手机在任意地点远程控制温室的所有设备。
4	历史数据分析功能	①系统可以通过不同条件组合查询和对比历史环境数据; ②系统支持列表和图表两种不同形式,用户可以更直观地看到历史数据曲线; ③建立统一的数据模型,系统通过数据挖掘等技术可以分析更适合农作物生长、最能提高农作物产量的环境参数,辅助用户决策。
5	视频监控功能	①视频采集; ②视频存储; ③视频检索及播放。
6	手机客户端控制	①用户可以通过农业温室智能监控系统手机客户端随时随地查看温室的环境参数; ②用户可以使用手机端及时接收、查看温室环境报警信息; ③通过手机端,用户可以远程自动控制温室环境设备,如自动灌系统、风机、顶窗等。

4. 温室大棚物联网系统的主要组成

温室大棚物联网系统包括传感终端、通信终端、无线传感网、控制终端、视频监控系统、监控中心和应用软件平台。

（1）传感终端

温室大棚环境信息感知单元由无线采集终端和各种环境信息传感器组成。环境信息传感器监测空气温、湿度，土壤水分，光照强度，二氧化碳浓度等环境参数，并通过无线采集终端以 GPRS 方式将采集的数据传输至监控中心，以指导用户生产。

（2）通信终端及无线传感网络建设

温室大棚无线传感通信网络主要由温室大棚内部感知节点间的自组织网络建设和温室大棚间及温室大棚与农场监控中心的通信网络建设两部分组成。前者主要实现传感器数据的采集及传感器与执行控制器之间的数据交互。后者是温室大棚环境信息通过内部自组织网络在中继节点汇聚后，将通过温室大棚及温室大棚与农场监控中心的通信网络实现监控中心对各温室大棚环境信息的监控。

（3）控制终端

温室大棚环境智能控制单元由测控模块、电磁阀、配电控制柜及安装附件组成，并通过 GPRS 模块与管理监控中心连接。根据温室大棚内的空气温、湿度，土壤温度、水分，光照强度及二氧化碳浓度等参数，该控制单元能控制环境调节设备，包括内遮阳、外遮阳、风机、湿帘水泵、顶部通风、电磁阀等。

（4）视频监控系统

视频监控系统作为数据信息的有效补充，基于网络技术和视频信号传输技术，全天候视频监控温室大棚内的作物生长状况。该系统由网络型视频服务器、高分辨率摄像头组成。网络型视频服务器主要提供视频信号的转换和传输，并实现远程的网络视频服务。

（5）监控中心

监控中心由服务器、多业务综合光端机、大屏幕显示系统、UPS 及配套网络设备组成，是整个系统的核心。园区建设管理监控中心的目的是信息化管理及示范园区的综合展示。

（6）应用软件平台

应用软件平台可统一存储、处理和挖掘土壤信息感知设备、空气环境监测感知设备、外部气象感知设备、视频信息感知设备等各种感知设备的基础数据，并通过中央控制软件的智能决策，形成有效指令，最后，通过声光电报警指导管理人员或者直接控制执行机构调节设施内的气候环境，为作物提供优良的生长环境。

三、物联网在养殖业上的应用

近年来，在中央对畜禽标准化规模养殖等扶持政策的推动下，我国畜禽业正处在由传统养殖向现代养殖转型的关键时期。畜禽养殖监控系统可通过智能传感器在线采集畜禽舍养殖环境的参数，并根据采集数据分析结果，远程控制相应的设备，使畜禽舍养殖环境达到最佳状态，实现科学养殖、减疫增收的目标。

（一）畜禽养殖监控系统应满足的功能

畜禽养殖监控系统应满足的功能见表6-4。

表6-4 畜禽养殖监控系统的功能

序号	功能	说明
1	温、湿度调节，营造舒适的温、湿度环境	实时监测采集养殖舍内外的温、湿度数值，对比舍内、舍外的温度。在夏季，当室内温度高于室外温度时，启动风机交换空气、通风排湿；在冬季，需要进行保温处理，适当送暖（如太阳能、电热炉、锅炉供暖）等。
2	通风换气，保持养殖舍内空气清新	系统联动控制通风换气设备，可以及时排出污浊的空气，并不断地吸收新鲜空气；实时监测养殖舍内的氨气、硫化氢、二氧化碳浓度等，自动调节换气设备。同时系统考虑到对舍内温、湿度的影响，冬天选择温度升高时通风换气，夏天选择凉爽的夜晚或早晨通风换气。
3	光照度调节，保证充足的光照时间	充足的光照时间是保证动物健康、快速成长的重要因素。在养殖舍内光线阴暗或冬季日照时间不足的情况下，系统会适当增加辅助照明，弥补光照度的不足。
4	集养殖舍内外压力的监测	由于养殖舍在某些时候通风差，造成养殖舍内外压力存在差异，不利于气体流通，进而导致舍内有害气体浓度过高。该系统可以实时监测、采集养殖舍内外的压力，当出现压差时，可联动控制运行相关设备，以保证空气流通。
5	视频监控，随时掌握现场实况	在养殖舍内安装视频监控，以便用户随时查看动物的生长情况，减少人工现场巡查的次数，提高工作效率。从科学养殖、提高养殖管理水平、实现智能养殖的角度来看，视频监控是现代化养殖业发展的必然趋势。

（二）畜禽养殖监控系统的组成

畜禽养殖监控系统由以下7个系统组成：

1. 畜禽养殖智能监测系统

该系统通过传感器、音频、视频和远程传输技术在线采集养殖场的环境信息（二氧化碳，氨气、硫化氢、空气温、湿度、噪声、粉尘等）和畜禽的生长行为（进食、引水、排泄等），实时监测设施内的养殖环境信息，及时预警异常情况，减少损失。

2. 畜禽养殖视频监控系统

该系统在养殖区域内设置可移动的监控设备，可实现以下功能：现场环境实时查看；远程实时监控；视频信息可回看、传输和存储，及时发现用户在养殖过程中碰到的问题，查找并分析原因，确保安全生产。

3. 畜禽养殖智能控制系统

该系统实现畜禽舍内光照，温、湿度，饲料添加等功能的智能化控制，根据畜禽的生长需要，分阶段智能调整环境条件，智能投放不同类别的饲料，实现精细化管理，减少病害的发生，进而减少损失。

4. 数据库系统

该系统基于物资管理，便于盘点饲料和兽药等的输入与输出量，避免库存空缺或积压；基于销售管理，可以实时录入客户资源信息与销售信息。

5. 智能电子耳标

智能电子耳标能证明牲畜的身份，可承载畜禽个体信息。各监管部门通过RFID（射频识别）技术测究相关信息，及时发现和精准处理疫情，降低由疫情造成的经济损失。

6. 手机远程管理系统

手机控制是农业物联网控制系统的另一种便捷控制方式。用户预先在智能手机上下载物联网系统，通过手机上的客户端，用户可以远程查看设施环境数据和设备运行情况，还可以分析数据，方便灵活管理。

7. 信息管理平台

各监督部门可通过该平台查看各畜禽的生产、检疫、免疫、销售等情况，计划良种引进、培育与推广，维持良好的市场秩序。

（三）畜禽养殖监控系统的系统配置

畜禽养殖监控系统的系统配置由以下5个部分组成。

1. 信息采集系统

可收集二氧化碳，氨气，硫化氢，空气温、湿度，光照强度，气压，粉尘等各类传感器采集的信息参数。

2. 无线传输系统

可远程无线传输采集数据。

3. 自动控制系统

包括天窗、水帘、风机。

4. 视频监控系统

查看畜禽的成长、生活状况等密切关联的信息。

5. 软件平台

可通过远程数据实时查看参数并自动控制功能，比如出现各类报警功能，就会进入智能专家系统进行预警。

本章小结

本章内容包括智慧农业的定义、智慧农业的价值和功能、智慧农业的发展现状和趋势，以及智慧农业中的物联网在种植业与养殖业中是如何应用的。智慧农业对有效改善农业生态环境，显著提高农业生产经营效率，彻底转变农业生产者、消费者观念及组织体系结构和促进农业转型发展皆起到积极的作用。智慧农业是农业生产的高级阶段，需要与物联网技术、大数据技术、人工智能等现代信息技术高度融合。

复习思考

① 什么是智慧农业，什么是物联网？
② 智慧农业的价值和功能是什么？
③ 谈一谈你对智慧农业发展趋势的认识。
④ 物联网在种植业中是如何应用的？
⑤ 物联网在养殖业中是如何应用的？

第七章　农耕文化及其传承与发展

学习目标：

1. 知识目标
   ◆ 理解农耕文化的内涵
   ◆ 了解农耕文化的特征
   ◆ 掌握农耕文化的传承价值、传承途径和传承意义
   ◆ 了解农耕文化的发展的途径、发展意义

2. 技能目标
   ◆ 能够在农业生活生产中运用农耕文化的实践原则
   ◆ 能够在农业实践挖掘农耕文化

3. 素养目标
   ◆ 培养学生树立自然和谐的生态意识
   ◆ 培养学生具备乡土特色的农耕情怀
   ◆ 培养学生保护、传承农耕文化精神

第一节　农耕文化的内容

一、农耕文化的内涵

学界对"文化"一词概念的探讨众说纷纭，人类学家泰勒在《原始文化》中说："文化或文明，就其广泛的民族学意义来讲，是一复合整体，包括知识、信仰、艺术、道德、法律、习俗以及作为一个社会成员的人所习得的其他一切能力和习惯。"[1]泰勒的定义包含着一个社会中的人类创造的物质技术、社会规范和观念精神等。

在费孝通看来，文化是"社会共同的经验的累积"，是依赖象征体系和个人的记忆而维持着的社会共同经验，这个定义强调文化的活态性，强调当下的文化不但包含个人的过去投影，更包含整个民族的历史记忆，这些历史记忆并非点缀，而是"实用的、不可或缺的生活基础"。[2]

就此看来，农耕文化亦是中华民族在农业社会的经济生活中所累积的，社会成员所共享的经验的集合。有学者认为，农耕文化是"建立在传统农业经济基础上的文化形态，是生产

---

[1] 泰勒：《原始文化》，广西师范大学出版社2005年版。
[2] 费孝通：《乡土中国》，湖南人民出版社2022年版。

关系、典章制度以及与之相适应的道德、风俗、习惯等意识形态的总和"。百度与百科定义，农耕文化是指"由农民在长期农业生产中形成的一种适应农业生产、生活需要的国家制度、礼俗制度、文化教育等的文化集合"。①

二、农耕文化的特征

（一）农耕文化的地域多样性

我国地域辽阔，各地的地形地貌和气候环境千变万化，差异很大。中国很早就懂得根据不同土壤、地貌、季节与作物，"因地制宜、因时制宜、因物制宜"地采取不同的经营方式，创造多样性的农业生产模式。从南方的热带农业，到北方的寒带农业，从东部的沿海平原，到西部的山地高原，农业的地域类型十分丰富多样。中国传统农业非常注重多作物的搭配与布局，创造了间作、混作、套作等多层次的种植，而耕作模式的多样化提高了农田生物多样性，使农田生态系统复合化，提高了农业生产稳定性。并利用相生相克原理，把两种或两种以上的生物种群合理组合在一起，利用相生组合使种间互利共生，使用相克达到生物防治的作用。农耕文化实际上就是带有很强的生态环境特点的地域文化。南方北方，各有差异；东部西部，各具特色。我们经常说到的"一方水土养一方人"，还有"五里不同风、十里不同俗"等，都表明了农耕文化的地域性特征。

（二）农耕文化的民族多元性

我国民族众多，每个民族都对我国的农业发展做出了特殊的贡献。一部中国农业史，就是各民族的独特文化多元交汇的历史。各民族在其繁衍生息过程中，依据不同的环境资源特点，因地制宜创造了自己的农耕文化。比如，西南的梯田文化，北方的游牧文化，东北的狩猎文化，江南的圩田文化、蚕文化与茶文化等，都是自成体系的农业生产方式，都有与之相应的生产生活习俗。同时，各民族之间，各地区之间，在文化的传播和传承中，相互借鉴，相互学习，形成了多元融合的特点。比如，各地的动植物品种、生产工具、生产技术和生活习俗等，都有文化交流传播的印记。其中既包括中国各民族之间的农耕文化传播，也包括中华民族与世界其他民族之间的农耕文化传播。在中华文明探源工程中，通过植物考古、动物考古，已确认了小麦、山羊、绵羊等并非我国本土的产物，而是来自中亚或东亚。

（三）农耕文化的历史传承性

农耕文化是人类最古老的原生性遗产文化，至今我们依然可以在乡村的某些习俗中发现原始农耕文化的踪影。比如，祈年求雨习俗、祭山拜地习俗、开犁开廉习俗、丰收庆典习俗等（重农国家的人都敬天地，敬自然。人必须要有所敬畏，不能天不怕、地不怕，要懂得感恩）。由于环境、经济、文化等方面的差异，中国各民族的农耕文明进程具有明显的历史阶梯性。有的地区发展程度较高，而有一些地区发展进程较慢，但构成农耕文化的文化链都没有中断。农耕文化景观，是人类认识自然、适应自然、利用自然的历史见证。作为人类文明的

---

① 毕方方：《农耕文化对现代农业的影响与启示》，《中国商界》，2009年第8期，第313，319页。

历史见证，它是历经漫长历史发展、演变和积累而逐渐形成的，它兼具自然环境和人类文化两种不同要素和特征，凸显了人和自然之间长期而深刻的关联，表现出极大的地域性、民族性、复杂性和多样性。

（四）农耕文化的乡土民间性

农耕文化产生于乡土乡村，它与农民和土地紧密相连，与平民百姓共生共存。农耕文化的民间性特点，使它在历史风云变幻中，既不完全受王朝更替的影响，也不全部因时尚文化而改变。这就是农耕文化的生命力。它在一定程度上能抗御文化进程中的都市文化和时尚文化的冲击与同化，保持自己的特色，在日常生产生活中延续传承，深深植根于乡村生活的土壤之中（如民歌、船工号子）。中国的农耕文化、传统文化给人以积极向上的、充满希望和美好享受的，花好、月圆、人长寿的人文理念。

三、农耕文化的实践原则

在世界古代文明中，中国的传统农业曾长期领先于世界各国。我国的传统农业之所以能够数千年长盛不衰，主要是由于我们的祖先创造了一整套的精耕细作、用地养地的技术体系，并在农艺、农具、土地利用率和土地生产率等方面长期处于世界领先地位。这主要得益于中国农业的诸多世代相传的优良传统和农耕文化。

（一）协调和谐的三才观

中国传统农业之所以能够实现几千年的持续发展，是由于我们的祖先在农业生产的实践中认识和摆正了三大关系：即天、地、人的关系。其中包含了人与自然的关系，经济规律与生态规律的关系，发挥主观能动性和尊重自然的关系。这三大关系指的是天道、地道、人道的关系，《孟子》中提出了著名的"天时不如地利，地利不如人和"的论断，《齐民要术》中强调在农业生产中做到"顺天时，量地利，则用力少而成功多"。"三才"理论是从农业生产实践经验中孕育出来的，后来逐渐形成一种理论框架，推广应用到政治、经济、思想、文化的各个领域。在"三才"理论中，"人"既不是大自然的奴隶，也不是大自然的主宰，而是"赞天地之化育"的参与者和调控者。中国农耕文化与传统农业理念，主张人和自然不是对抗的关系，而是协调共生的关系，这是"三才"观的核心。任何社会具有发展前景的文化和经济都必须是符合自然发展规律的，违背自然规律的必然会受到自然的惩罚。

（二）趋时避害的农时观

中国农业有着很强的农时观念，在新石器时代就已经出现了观日测天图像的陶尊。《尚书·尧典》提出"食哉唯时"，把掌握农时当作解决民食的关键。"不误农时""不违农时"是中国农民几千年来从事农业生产的重要指导思想。"顺时"的要求也被贯彻到林木砍伐、水产捕捞和野生动物的捕猎等方面。早在先秦时代就有"以时禁发"的措施。"禁"是保护，"发"是利用，即只允许在一定时段内和一定程度上采集利用野生动植物，禁止在它们萌发、孕育和幼小期采集捕猎，更不允许焚林而田、竭泽而渔。"用养结合"的思想贯彻于整个农业生产的全过程，它准确地概括了中国传统农业的经济再生产与自然再生产的关系，也是我国农业之所以能够持续发展的重要基础之一。

（三）辨土肥田的地力观

土地是农作物和畜禽生长的载体，是最主要的农业生产资料。种庄稼是要消耗地力的，只有地力不断得到恢复或补充，才能继续种庄稼，若地力不能获得补充和恢复，就会出现衰竭。我国在战国时代已从休闲耕作制过渡到连种制，比西方各国早约一千年。中国的土地在不断提高利用率和生产率的同时，几千年来地力基本上没有衰竭，不少的土地还越种越肥。我国先民们通过用地与养地相结合的办法，采取多种方式和方法改良土壤，培肥地力。古代土壤科学包含了两种很有特色且相互联系的理论——土宜论和土脉论。土宜论指出，不同地区、不同地形和不同土壤都各有其适宜生长的植物与动物。土脉论则把土壤视为有血脉、能变动、与气候变化相呼应的活的机体。这两种理论本质上都是一种土壤生态学。著名的宋代农学家陈旉提出中国传统农学中最光辉的思想之一"地力常新壮"论。正是这种理论和实践，使一些原来瘦瘠的土地被改造成为良田，并在高土地利用率和生产率的条件下保持地力长盛不衰，为农业持续发展奠定了坚实基础。

（四）种养三宜的物性观

农作物各有不同特点，需要采取不同的栽培技术和管理措施，人们把这概括为"物宜""时宜"和"地宜"，合称"三宜"。早在先秦时代，人们就认识到在一定的土壤气候条件下，有相应的植被和生物群落，而每种农业生物都有它所适宜的环境。但是，作物的风土适应性又是可以改变的。也就是说，农业生物的特性是可以变的，农业生物与环境的关系也是可以变的。正是在这种物性可变论的指引下，我国古代先民们不断培育新的品种和引进新的物种，不断为农业持续发展增添新的因素，提供新的前景。

（五）变废为宝的循环观

在中国传统农业中，施肥是废弃物质资源化、实现农业生产系统内部物质良性循环的关键一环。中国传统农业是一个没有废物产生的系统。农户生态系统是"小而全"的结构单元，物质封闭循环，几乎所有的副产品都被循环利用，以弥补农田养分输出的损耗。通过废弃物循环再利用，实现无废物生产，是中国传统农业的一大特征和核心价值。中国传统农业将种植业、畜牧养殖业紧密结合起来，将作物秸秆、人畜粪尿、有机垃圾等经堆积腐熟后还田，顺应了物质能量循环的规律。人们不断地开辟肥料来源，清代农学家杨屾的《知本提纲》中提出"酿造粪壤"十法，即人粪、畜粪、草粪、火粪、泥粪（河淤泥塘）、骨粪、苗粪（绿肥）、渣粪（饼肥）、黑豆粪、皮毛粪等，差不多包括了生产和生活中的所有废弃物以及大自然中部分能够作肥料的物资。更加难能可贵的是，这些感性的经验已经上升为某种理性认识，出现了"桑基鱼塘"的生态循环生产模式，就是在鱼塘岸边植桑养蚕，桑叶喂蚕，蚕粪养鱼，形成塘泥肥桑的良性循环，稻田养鱼也是如此。这正是当今有机农业所需的生产方式。

（六）御欲尚俭的节用观

古代在农业生产中提出的节用思想对今天仍有警示和借鉴作用。如"生之有时，而用之无度，则物力必屈""天育物有时，地生财有限，而人之欲无极""地力之生物有大数，人力之成物有大限，取之有度，用之有节，则常足；取之无度，用之无节，则常不足"等。古人提倡"节用"，主要目的之一是积粮以备荒。同时也是告诫统治者，对物力的使用不能超越自然和老百姓所能负荷的限度，否则就会出现难以为继的危机。

四、农耕文化的体现和作用

农耕文化就是建立在传统的自给自足自然经济基础上的文化形态，即指传统农业基础之上的生产关系、社会关系、典章制度以及与之相适应的道德、风俗、文化、习惯等意识形态的总和，它所反映的思想意识、思维方式和价值观念是其本质内容。

（一）农耕文化的体现

1. 农耕文化是中华文化之母

农耕文化与中华文化渊源极深，农耕文化支撑了中华文化的发展，是中华文化发展的重要根脉和基础，是现代社会发展中永远挖掘不尽的宝藏。农耕文化作为一种生产方式、思想理念、价值观念、道德意识和思维方式，其本身也是传统文化的重要组成部分。

2. 农耕文化门类众多

农耕文化主要体现在古代农学思想、精耕细作传统、农业技术文化、农业生产民俗、农产品加工文化、农业生态文化、治水文化、物候与节气文化、节庆文化、茶文化、渔文化、蚕桑文化、畜牧文化、饮食文化、酿酒文化、服饰文化、民间艺术、农民艺术、农业文化遗产、涉农诗词歌赋等。

（二）农耕文化的作用

1. 农耕活动对中华文化的形成、发展和延续具有至关重要的作用

上下五千年灿烂辉煌的中华文化，为中华民族发展壮大奠定了万代基业。比如稻作文明起源地之一的河姆渡文化、粟作文明起源地半坡文化、商代的协田耕作方式、汉代的耕作发明——二牛抬杠、魏晋旱地耕作模式——耕耙、唐宋水田耕作典范——耕耙车和明清的生态农业——农、桑、牧、渔等，这些农耕活动不仅揭示出中华民族在作物育种和耕作方面为人类做出的特殊贡献，而且为文化事业的繁荣发展夯实了基础。农业是社会进步的阶梯，农业生产的不断演进促进了整个社会的进步，农业与文化之间存在着天然的血缘联系，农业发展过程中孕育和产生了文化，文化发展反过来又推动了农业的进步。没有农业，文化就是无源之水、无本之木。

2. 农耕文化是中国传统文化的重要组成部分，为中华文化的发展奠定了坚实的物质基础和文化基础

中华先祖历经远古漫长的混沌蛮荒时期，在距今一万年左右，进入了新石器时代。由于

生态变化和人口增加，野生动植物无法满足人类生存的需要，于是原始农业应运而生，以前单纯依赖采集与狩猎的生活发生改变，随着种植与畜牧业的发展，人们开始聚族而居，从刀耕火种到男耕女织，从精耕细作到现代农业，在绵延不断的历史长河中，炎黄子孙植五谷，饲六畜，农桑并举，耕织结合，农林牧副渔为人类发展提供了丰富的物质基础。农业生产不仅为中华民族的繁衍生息提供了丰富多样的衣食产品，也为中华文化的发展提供了色彩缤纷的精神财富，奠定了坚实的物质基础和文化基础。

第二节 农耕文化的传承与发展

一、农耕文化的传承

（一）农耕文化传承的价值

我国既是一个历史悠久的文明古国，同时也是一个传统的农业大国。近万年的农业生产是中国传统文化产生和发展的社会基础，也是几千年农耕文化形成和发展取之不尽的源泉。农耕文化是中华文化的根，它贯穿中国传统文化的始终。时至今日，农耕文化中的许多理念、思想和对自然规律的认知（如农历、二十四节气、阴阳五行等）在现代仍具有一定的现实意义和应用价值；在农村和农民的日常生活中，在农业生产中仍起着潜移默化的作用。

1. 传承农耕文化是保障民族健康生活的源泉

当今中国食品安全、环境污染、重金属污染（主要是农村）是影响和危害人们身体健康的主要因素。而中国的农耕文化、传统饮食文化，是"天人合一、药食同源"，一方水土养一方人。中国人吃的中药、吃的天然食物都来源于自然界。食物是最好的药物，我们日常吃的天然食物，都天然具有药物一样的作用。中国第一部农耕专著《齐民要术》里就收集了我们祖先食用的几百种食物。中华民族的祖先选择了吃植物的种子来维持生命和健康，这是非常智慧的选择，"得谷者昌，失谷者亡"。中国的饮食结构十分健康、科学。因为我们的传统饮食结构，不仅是由中国的传统农耕文明决定的，同时也是中华民族几千年的生活实践以及食疗保健经验积淀的结晶。孙中山先生在《建国方略》中说："我中国近代文明事事皆落人之后，唯饮食一道之进步，至今尚为文明各国所不及。"[1]研究和回溯中华民族几千年的传统饮食结构，我们能够非常深切地感受到祖先给我们留下了一笔宝贵的文化财富，这笔财富就是我们中国的农耕文明，而这对于保证全民族健康素质的提高的确发挥了重大的作用。

2. 传承农耕文化是发展现代高效生态农业的需要

改革开放以来，我国的农业虽然有了长足的发展，但是，农业发展中的生态环境恶化、农产品质量安全、可持续性发展问题也随之突显。我国粮食增长主要依靠物质资源的消耗，大量增加化肥和农药的投入。在我国农业发展的资源约束条件日益趋紧的状况下，继续靠增加资源和化学品投入来增加产出的余地越来越小，自然环境承载能力的压力越来越大，以对

---

[1] 孙中山：《建国方略》，生活·读书·新知三联书店2014年版。

资源的掠夺性使用和对生态环境的严重污染为特点的农业增长方式将难以为继。要实现农业的可持续发展，保障农产品质量安全，必须树立和落实科学发展观，并借鉴和吸纳中国传统农业生产的精华，遵循自然规律，重视生态环境的保护，逐步减少化学品的投入，发展生态高效农业，注重增长速度与质量安全的协调。

农业本身是人类长期认识自然、适应自然过程的结果，农业的任何革新和发展都不应忽视过去的经验和成果。中国传统农业从来就是低碳环保的，只是近几十年中国的农业才变得"化学化"，成为污染最大的领域之一。传统农业中有许多好的东西，是当地劳动人民依据自身的自然资源和物种间的关系，运用本土的、独特的、独创的耕作技术和实践经验，经过世代不懈的努力形成并传承下来的生态平衡系统和农耕文化。现在的农业生产中抛弃农家肥、有机肥，大量使用化肥和农药，并忽视农作物的倒茬轮作，人畜粪便未经处理就排放了，任意丢弃生产生活垃圾及毁林垦荒、草原过载等不理智行为，使生态环境遭到严重污染和破坏，不仅维系自然生态平衡的生物链遭到灭顶之灾，而且危害到了人类自身的生活和健康。许多数千年来哺育中华民族繁衍生息的民间用具、民俗用品、传统农具、传统技艺，以及我国农业的许多优良传统和理念正在走向衰落和消失。农业本身具有的调节生态、田园风光、观光休闲和文化传承的多样性功能被忽视。那么，如何在时代演进中，在发展现代农业中，有效保护和借鉴利用我国传统的农耕文化，使数千年传承下来的农耕文明得以延续和发扬光大，为人类的文明与进步继续发挥其有益的作用，的确值得反思、值得重视。

面对现实如果我们束手无策，没有行之有效的办法，就只能按照我们人类的共同经验，即我们要回过头去，回到先民的智慧中去，回到我们的传统中去，看看我们的先民留下了什么遗产给后人，看看我们的先民的那些智慧和理念，这些仍然是今天的我们需要传承的部分。农耕文化毫无疑问就是先民给我们留下的具有重要传承价值的遗产，是可持续发展的良好资源。农业，在生产人类赖以生存的食品及工业原料的同时，也传承着文化和文明，农业的多样性和多功能性需要人们不断地认识、正确地对待、科学地利用。

现代农业大量使用农药、化肥、除虫剂、除草剂等化学品，不仅使农作物病虫的抗药性增强，只能使用药量更大、药性更强的农药来防治病虫害，形成恶性循环，而且在杀死害虫的同时，也伤害了大量有益生物，包括鸟类（如麻雀几乎被灭绝）、益虫微生物，进而危及整个生态系统，使得生物多样性减少，导致生态环境恶化。由于农药化肥的大量使用，特别是一些工业企业不重视节能减排，目前我国的农村生产生活环境严重恶化，农村生活污水和废弃物的污染负荷均逐年增加。全国农村每年产生的生活污水量约达 80 亿吨，生活垃圾近 2 亿吨，70%的生活垃圾没有经过无害化处理，90%以上的污水随意直接排放。一些农村的污染程度已经威胁到人与畜的安全。要治理和改善农村的环境状况，农耕文化中的一些环境理念值得我们借鉴。传统农业注重整体、协调、良性循环、区域差异，充分利用农业生态系统的自我调控机制和自然生态净化过程，利用生物间的相生相克的关系，尽量避免滥用化肥、农药、生长剂、除虫剂等，减少对生态环境的污染。农业对于生物多样性的保护主要体现于遗传多样性与栖息地提供。首先在物种上，农业通过耕种保留了大量植物资源；其次，农田及其草木为野生动植物提供了栖息地与繁衍之处。中国传统农业利用多样化的种植、农业自然生态净化，从而保护了生物多样性，实现了生态系统的稳定。传统农业生产模式能够充分适应当地自然条件，达到可持续生产。因此，现在一些还保留传统农业的地区，大多保持住了良好的生态环境，土壤、水、大气中有害化学物质成分很少。自然资源丰富，生态环境良好，空气质量优良，这些都是生产高品质农产品和生物多样性保护所必需的生态环境基础。保护环境就是保护生产力，改善生态就是发展生产力。20世纪80年代日本对"三农"政策就调整为：农业不再追求产量，而是追求食品安全、农村生态环境的保护、农民素质的提高，这对我们也有一定的启示。

3. 传承农耕文化是维系田园风光与乡村旅游的基石

随着经济社会的发展和人们生活节奏的加快，城镇居民面临环境与生活的双重压力，中产阶层的人们开始渴望从喧嚣、污染的城市环境中解脱出来，回归自然，在空气清新、环境幽静的乡村中享受充满田园情趣的休闲生活。通过从事农事活动，了解当地特色和民俗、风土人情，感受和体验乡村生活的乐趣，享受农耕文化精神陶冶。古朴的农耕情调是农耕文化的载体和韵味，也是维系田园风光与乡村旅游的基石。休闲农业与乡村旅游传承农耕文化的理念，利用乡村自然环境、田园风光、农牧渔业生产、农家生活等资源条件，通过合理改造、适度开发，以农业生产为依托，使农业与自然、人文景观以及旅游业相结合，为城镇居民提供观光、休闲、度假、体验、娱乐、健身等服务。这种新型的旅游形式，不仅为休闲农业与乡村旅游注入丰富多彩的文化，还可以唤醒人们重视生态环境，增强环境保护意识，进一步丰富旅游的文化内涵，提高旅游品位，使休闲农业与乡村旅游成为有利于农民多渠道转移就业、增加农民收入、促进县域经济发展的朝阳产业。

发展休闲农业与乡村旅游，保护当地自然资源特色是最重要的。在不同的地方，尤其是在过去交通不便利的乡村，各有独特的农耕文化与民俗文化，现在还没被完全破坏，要特别注意珍惜和保护，适度开发与利用。中国乡村地大物博，民风淳朴，传统的农耕文明遗迹和生活形态都是休闲旅游发展的优势资源与基础。"日出而作，日落而归"这样宁静舒缓的生活节奏；水车灌溉、稻田养鱼、鱼鹰捕鱼、采藕摘茶等农耕场面；篱笆墙、山田坳、湖泊溪流、田野草地，都是久居城市的人们所追求的。休闲农业与乡村旅游必须突出农耕文化，农耕文明与现代工业文明反差越大，其田园意味越足，农耕文化越突出，就越典型、越贴近城镇居民亲近大自然的"乡梦"。

4. 传承农耕文化是繁荣农村文化和乡村旅游的灵魂

现在的人们面对千变万化的生活，既需要丰富的物质也需要丰沛的精神，既向往科技进步又渴望自然的环境。都市人们萌发的乡愁、乡恋，是对生活的一种重新认识与理解，自然与和谐、安详与宁静，才是人类生活最本质的追求。发展休闲农业、乡村旅游，要以农为本，以生态保护、文化传承为主干，以有利于农民增收、农村受益，促进农村经济社会协调发展为目的。农耕文化是乡村旅游的灵魂，也是乡村旅游可持续发展的源泉。乡村旅游的内在价值及附加值基本上由农耕文化表现出来，国内外的乡村旅游胜地，无不以文化特色作为依托。文化具有很强的辐射力、渗透力与稳定性，文化创意与科技创新是推动产业发展的双重生产力，挖掘农村的各种潜力，整合农村的生产、生态、生活与文化资源，把资源转化为推动农村发展的资本，形成良性互动。休闲农业、乡村旅游的重要功能是传承农耕文化，使城市居民在休闲旅游中享受和体验农耕文化、民俗文化的清爽快乐。近一百多年来，由于国人对文化的漠视，中国许多好的传统遭到了我们自己的摧毁和抛弃，一个民族在危难中失去的优良传统和文化，必将在社会稳定和发展中得到恢复与发展。古老辉煌的中华文明需要重新振兴，而振兴则需要漫长的时间，需要从我做起，从当下的生活细节做起，才能使中华文明继续成为生生不息、汩汩流淌的源头活水，文明的延续才能成为我们生活的现实。因此，繁荣农村文化，发展乡村旅游必须丰富文化内涵，特别是在保护、传承和利用农耕文化上多下功夫。随着人们对农耕文化的逐渐认识和充分理解，其价值也会逐步凸显出来，保护和利用好农耕文化也将会使整个社会受益。

（二）农耕文化传承的路径

中国自古以农立国。在我们的传统文化中，大到思想意识，小到日常起居，都深深渗透着农耕文化的印记。乡村振兴战略实施过程中会面临一系列矛盾和问题，需要从优秀传统农耕文化中吸收有用的成分。新时代传承农耕文化，推动优秀传统农耕文化为乡村振兴铸魂聚力，需要重视以下几个方面。

1. 要走符合农村实际的道路，遵循乡村自身发展规律

2015年1月20日，习近平总书记在大理市湾桥镇古生村考察工作时强调，乡村文明是中华民族文明史的主体，村庄是这种文明的载体。因此，他强调城乡一体化要保留村庄原始风貌，尽可能在原有村庄的基础上改善居民的生活条件，"注意乡土味道，保留乡村风貌，留得住青山绿水，记得住乡愁"[①]。

农耕文化中蕴含着丰富的生态治理价值。农耕文化中注重万物和谐发展的理念和注重循环利用的耕作技术为乡村振兴中发展生态农业提供理念引导和技术支持。现代化的农业发展尽管提高了粮食的产量，却导致土地过度使用，化肥和农药的使用造成了严重的生态问题和食品安全问题；新农村建设中胡乱地砍树、填湖、拆房等行为严重破坏了农村原有的村庄形态，使得乡村风貌受到了破坏。因此，重新发现优秀传统农耕文化中的生态理念，将是农业农村可持续发展的思想基础。传承农耕文化中的生态理念，有利于保护和改善农村的生态环境；将精耕细作的传统农耕文化与现代农业结合起来，有利于农业生态效益与经济效益的结合；保护农村的原始风貌，有利于充分体现农村特点、保留乡土味道、发展乡村旅游业。因此，走符合农村实际的道路，遵循乡村自身发展理念，是农村农业可持续发展的重要路径，也是新时代传承农耕文化的实践路径。

2. 深入挖掘、传承、创新优秀传统农耕文化，留住有形的乡村文化

近年来，城镇化发展迅速，很多传统民居、历史街区都被无情地拆毁；农村大量居民去城市打工，村庄空心化问题突出，传统的民歌和传统手艺后继无人；农村价值观念多元多样，传统农耕文化所蕴含的思想观念、人文精神、道德规范在熟人社会中的约束力越来越弱，传统农耕文化遭到破坏。在这种情况下，深入挖掘、传承、创新优秀传统农耕文化，留住有形的乡村文化就显得尤为重要。

国家在乡村振兴中应该加强筹划，以乡村振兴为依托，在振兴乡村文化的过程中深入挖掘、传承、创新优秀传统农耕文化。首先，国家应该加大对古镇、古村落、古建筑、民族村寨、文物古迹的保护力度，保留乡村风貌，留住绿水青山，保护乡土文化的根基不断；其次，

[①] 央视网：《重温习近平前7月京外调研10句话：小康不小康 关键看老乡》，2015年8月13日，http://news.cntv.cn/2015/08/13/ARTI1439436861648229.shtml。

深入挖掘民间艺术、手工技艺、戏曲曲艺、民族服饰、民俗活动等非物质文化遗产，让活态的乡土文化传承下去，注意对活态乡土文化的应用和体验，以乡村旅游为载体，让游客体验风土人情，感受传统生活方式；再次，大力弘扬优秀传统农耕文化中的思想观念、人文精神、道德规范，培育挖掘乡土文化人才，充分发挥新乡贤、身边的好人好事、道德模范的教育引导作用，引导农民爱党爱国、向上向善、重义守信、勤俭持家，提高农村社会文明程度，焕发乡村文明新气象，让我国历史悠久的优秀传统农耕文化在新时代展现新的风采。

3. 加强农村思想道德建设和公共文化建设，推动乡村文化振兴

国无德不兴，人无德不立。乡村社会与城市社会的一个显著不同就是熟人社会的特征比较明显。因此，要深入挖掘乡村熟人社会所蕴含的道德规范，并结合新时代新要求进行创新，强化道德教化作用。

乡村振兴离不开和谐稳定的社会环境。现在，农村一些地方不良风气盛行，因婚致贫、封建迷信事件等还在一定范围内存在。面对这样的农村社会环境，必须健全自治、法治、德治相结合的乡村治理体系。我国很多村庄有着悠久的历史，许多风俗习惯、村规民约具有深厚的优秀文化基因，直到现在还在乡村社会中发挥着重要作用。所以，乡村治理在发挥好自治和法治的同时，要注重发挥好德治的作用，进行这方面的探索和创新，不断地总结和推广。发挥德治的作用，首先应该加强对传统优秀农耕文化的宣传，可以创新宣传方式，通过现代信息技术如网络平台进行宣传，也可以通过发展乡村旅游业进行宣传，使优秀农耕文化得以普及和推广。

乡村振兴战略是对党的"三农"工作一系列方针政策的继承和发展，是亿万农民的殷切期盼，是加快农村发展、改善农民生活、推动城乡一体化的重要战略。乡村振兴，既要塑形，也要铸魂。传承发展提升农耕文明对于乡村振兴具有十分重要的意义。正如习近平总书记在2023年文化传承发展座谈会提出的："农耕文化是我国农业的宝贵财富，是中华文化的重要组成部分，不仅不能丢，而且要不断发扬光大。"[①]因此，新时代我们要在乡村振兴的大背景下，用绿色发展理念引领乡村治理，深入挖掘、继承和创新优秀传统农耕文化。

（三）农耕文化传承的现实意义

1. 传承农耕文化有利于实现农村生态宜居

生态宜居是乡村振兴的关键。改革开放以来，我国农村获得了巨大发展的同时也付出了巨大的代价，长期的发展使我国的耕地开发利用过大、水土流失、地下水超采、土壤退化、地力透支等已经成为制约农业可持续发展的突出问题；工矿业和城市生活污染向农业转移，导致农村环境质量下降；化肥农药的过量使用，禽畜粪便、农作物秸秆的不当处置等导致乡村环境的"脏乱差"。农村目前的生态环境不仅不能满足人们对良好环境的向往，也成为乡村旅游业发展的制约因素。

传承农耕文化有利于建设"生态宜居"的新农村。传统农耕文化中蕴含的朴素的生态观

---

① 中华人民共和国农业农村部网：《中华农耕文明归向何处——农田建设管理司党支部举办讲党课专题活动》，2023年6月20日，http://www.dangwei.moa.gov.cn/gzdt/202306/t20230620_6430578.htm。

和天人合一的思想，有利于我们正确认识人与自然之间的关系。优秀传统农耕文化中包含的精耕细作、作物轮作、复种、间作、套种技术等，都是顺应自然规律、土地可持续利用的优良传统，体现了生态宜居、资源循环的理念，对于建设新农村具有重要的借鉴意义。

2. 传承农耕文化有利于实现乡风文明

乡风文明是乡村振兴的保障。改革开放四十多年来，农村的社会风貌发生了很大变化。由于几千年的封建思想的影响以及农民自身的局限性，再加上改革开放以来市场经济影响下"重利轻义"思想的影响，部分农村地区道德退化、不良风气蔓延，农村治安状况不容乐观，再加上一些地区干群关系紧张，农村基层党组织软弱涣散，这些都对农村社会治理提出了新的要求。

传承农耕文化有利于加强乡村道德建设。传统优秀农耕文化中蕴含的重义轻利、父慈子孝、敬老孝亲等思想，以及勤劳、淳朴、勤俭的生活理念，有利于传承良好的家风，引导农民爱党爱国、向上向善、孝老爱亲、勤俭持家，形成文明乡风、良好家风、淳朴民风。

3. 传承农耕文化有利于实现农村治理有效

治理有效是乡村振兴的基础。当前，农村社会面临的突出矛盾和问题主要是：村庄空心化、农民老龄化现象严重；农村利益主体、社会分层多元、诉求增多；农村教育、医疗、文化等社会事业发展滞后；社会治安状况不完善，一些地方违法犯罪活动时有发生，侵害农民利益。

传承农耕文化有利于加强和创新农村社会治理，树立系统治理、依法治理、综合治理、源头治理理念，确保农民安居乐业、农村安定有序。传统农耕文化中所包含的制度文化，蕴含着乡村生活的规则、意义和价值，潜移默化地影响和指导着农民的思想和行为。优秀传统农耕文化中所蕴含的人情观念、集体优先观念有利于团结村民，凝聚力量，形成良好的乡村秩序；传统优秀农耕文化中所蕴含的道德观念和人文精神，有利于培育文明乡风、淳朴民风，改善农民精神风貌，提高乡村社会文明程度，孕育社会好风尚。

二、农耕文化的发展

(一) 农耕文化发展的途径

1. 保护好传统民居和自然村落

古村落和传统民居是中华文化的重要组成部分，每一个村落文化景观，都属于它自己的一段特殊的发展历史。这种发展历史经过长时间的沉淀和积累，形成了独特的村落文化景观，并成了生活在其中的人们的共同记忆。这种历史记忆，不但能增进人们彼此间的情感，促进族群内部的认同和包容，同时还能增加每一个成员的历史认同感和归属感。建筑是有生命的，跳跃的生命符号反映的是人文思考，它承载着历史的沧桑，折射着时代的进步。乡村传统的村落、独特的建筑布局、生活方式、节庆习俗和农事活动都是农耕文化几千年的积淀。建筑物是最真实的历史记录和持续的文化传承，具有深厚的文化底蕴。中国传统民居是节能（低碳）建筑，如徽派民居、北方的窑洞，具有隔热、保温、隔音、透气性好、质量轻等优点。但是，随着经济社会快速的发展和城市文明对乡村强大的辐射力，许多经营者误以为乡村旅游就是现在流行的观光旅游,因而不但没有珍惜、保护和利用原先遗迹的自然资源和传统乡村特色,反而大兴土木、大拆大建,将传统的、各具特色的民居,变成了钢筋水泥的统一模式,失去了地方特色和个性。这种做法破坏了乡村原有的自然风貌,失去了发展乡村旅游的优势资源。"建新不能废旧,历史不能复制。"传统村落、传统民居不是包袱、不是破烂,不是改造对象,而是一种民族文化。传统是历史文化的结晶,是孕育生息城市的土壤。实践证明,当今中国最具吸引力的城市之中,杭州、苏州等正得益于它们古老悠久的历史文化而饱受人们喜爱。当今中国好的、独具特色的乡村旅游景点,无一不是生态环境、传统民居和古村落保护好的,如安徽的西递村、宏村、三河古镇,江苏的周庄、同里,浙江的乌镇,江西的婺源,上海的朱家角等。这些古村落的自然环境、文化环境、小桥流水、农耕文化都是祖国秀美景色的集中体现,都具有独特的观赏价值。古村落的建设都遵循的是中国风水理论,强调天人合一的理想境界和对自然环境的充分尊重,注重物质和精神的双重需求。要敢于对城市化的无序扩张表示反对,不要认为这是在逆潮流而动反对城市化。

2. 构建农耕文化展览室

为了方便旅游者对农耕文化形成直观认识,应在乡村构建农耕文化展览馆、展览室。西方国家这一类的家庭展览室很多,现在我国有些地方也已经开始建农耕文化展馆、农耕文化园了,如内蒙古鄂尔多斯、安徽石台、湖南耒阳、湖南衡山、江西南康、湖北襄阳、山西榆次的农耕文化博物馆,陕西杨陵的农业历史博物馆,陕西关中的民俗博物院,苏州的江南农耕文化园;还有湖南郴州、江苏扬州、山西阳曲、山西运城、四川峨嵋山、福建宁德、浙江台州等各地,正在启动和即将建成农耕文化园或相关博物馆,民俗风情园、生态农业园正在如雨后春笋破土而出。收藏民俗、守望民间,成为21世纪中华文化的热点。收集、保护、展览传统生产农具和生活用具,如:石磨、石缸、石臼、犁铧、背夹、风车、水车、纺车等传统的农耕用具,配以相关的使用图片和文字,可以用来讲述和展示中国历史悠久的农耕文明历程。这种方式既可以使农民回味过去,珍惜、保护和传承农耕文化,又可让对农耕文化陌生的城市居民、青少年了解传统的农耕方式和生产习俗,唤醒他们对农耕文化的兴趣和自豪感。在日益浮躁的今天,这些可亲可敬的旧物和传统农事已距离都市人们的生活越来越远,重读"往事"竟有恍若幻梦之感。城市喧嚣繁华背后的寂寞常常需要宁静自然来填补和平衡,也许在农耕文化的宁静中,人们更能洞观沧桑世事,回望人生行止间的哀乐得失。

3. 重视农耕文化的参与和体验

不管有多少原因,人都不应该不爱田园。因为,是田园养育了我们。而且田园能舒展人们心里的紧张和阴郁。面对春天绿油油的庄稼地,我们会丢下烦恼,心旷神怡;看着黄澄澄的秋季田野,我们会荣辱皆忘,欢呼雀跃。因为田园是我们中国人灵魂的栖息地之一,要展示田园的魅力并赞美她,对那些破坏田园的人要敢于谴责,不要认为这是在呼吁向农耕经济倒退。乡村旅游要重视游客对农耕文化的参与性和体验性,将文化性与娱乐性、趣味性充分结合,给旅游者更大的空间,使游客获得娱乐、审美、亲历的体验。比如,为游客提供"做一天农民,体验农耕辛劳"的项目;提供传统的水车、石磨、石碾等农具让游客亲身体验如何使用这些古老的农用器具;充分利用本地乡村的饮食文化,让游客品尝具有农家特色的菜肴,了解饭菜背后的历史故事、风俗习惯等,在条件允许的情况下让游客亲自动手参与当地菜肴的制作。通过参与农事活动，可以使游客直接接触、体验乡土风情，感受传统生活方式，使游客置身于自然和谐的环境中，落脚在安然平和的氛围里，感受到亲和的召唤，享受到沉稳与踏实，找回寄生的家园，使乡村旅游成为他们难忘的人生经历。

4. 注重工业文明与农耕文化的协调

随着工业化和城镇化的快速发展，人类赖以生存和发展的土地、水资源、环境、空气等都正在遭到大量侵蚀和污染，乡村的传统活力在日渐衰退，乡土建筑在快速消失，乡土文化和精神价值正在被抛弃，整个村落文化面临传统被中断的威胁。有些封闭落后的农村，由于在旅游业兴起之前缺乏经济能力改善道路交通和住房条件，较好地保存了旧村落原貌等物质的农耕文化与传统习俗等非物质的农耕文化。但来自城市的工业文明，对农耕文化产生着巨大的冲击。因此，在开发乡村旅游资源的时候，尤其要注重对传统农耕文化的保护，不仅保护好农村清新古朴的乡野气息，还要保护、传承和利用好乡村质朴的农耕文化，提高乡村旅游的文化品位，满足人们不同的精神文化需求，因为文化是一个民族繁衍生息的基因密码，也是一个民族进步昌盛的精神旗帜，同时标识着不同民族发展过程的历史路径，其对人的教化与陶冶功能是任何物质都替代不了的。

5. 注重农耕文化与传统节庆的衔接

我国传统节日都起源于农耕时代，充分体现了中华民族的和谐理念，是自然法则与生活智慧的结晶，是中华文化的有机组成部分。传统节日自身是一个相互关联、充满生机的生命机体，它既是民族文化的集中体现，又是民族文化传承的载体，更是培植、滋养民族精神的重要方式。循环往复的中国传统节日，把松弛和欢乐插入持续不断的生活中，使流逝的时间和着自然与人生的节奏，调节人们的生产生活频率，在给生活增添乐趣和生机的同时，舒张人文情怀，使大众生活意志、社会意识和文化认同不因岁月的流逝而淡化。因此，弘扬农耕文化，应首先过好我们的传统节日，让传统节日成为中华民族精神家园的重要构成部分，使人们普遍认同传统节日，成为节庆文化的传承人。

民俗来源于人民对美的追求，是祖先留给我们珍贵的文化遗产。几亿人次回家过年，十几亿人同时吃饺子、吃年糕、放鞭炮、挂红灯、贴对联，都说明民俗是一个伟大的力量，是民族文化身份的体现，民俗文化是人民共同情感的基因，是民族共同体的维系力量。作为传统年节符号的春联、年画、剪纸、烟花、灯彩、社火等，广泛存在于祭祀、纪念、敬仰、迎送等节俗活动中，人们既可获得强烈的视觉美感，还可通过亲身参加活动，体验审美和获得深切的文化归属感。但是，今天的传统节庆更多地被视为物质享受和假日娱乐，其精神内涵和文化传承被淡化。节庆形式的单一阻碍着节庆文化的发展，过于注重物质形态和流于表面的庆祝方式让传统节日丧失了其丰富的文化价值。

传统节日的传承重在延续其所包含的人文精神，将传统文化的精髓赋予现代生活的内涵，不仅是传承农耕文化的核心价值，也是弘扬中华文化的有效途径，更是促进乡村旅游的支撑力量。要想乡村旅游健康持续发展，必须扛起民俗文化、农耕文化这杆大旗，充分利用好传统节日这个平台，使农家乐、乡村旅游突出人性化、个性化、绿色性，传承地方特色、民俗特色、传统特色，以适应体验乡村旅游者的需求。

6. 注重新农村建设与乡村文化的协调

新农村建设迫切需要各级领导和全社会提高认识，并且辅之以具体有效的措施，努力改变对农村文化的漠视。农村文化应从被淡忘的农耕文化价值入手，在更深层次上，认识中国广大农村蕴含的丰富文化资源的价值，认识农村居民传统风尚道德的积极与健康的本质属性。只有从这样的认识出发，才有可能真正尊重农村与农民的伦理道德观念和传统习俗，才有可能发现其中大量的积极因素。

新农村建设不只是盖房子，更不是搬迁合并，移植近些年来中国城市改造和建设的一个模式，使不同地区失去了个性，使建筑物失去了文化传承和历史记录的功能。近年来，一大批古村落、历史名胜、古迹、古建筑，正在大规模的城市化进程中被摧毁和消失。如果仅仅将新农村建设和城乡一体化等同于高楼大厦，对古建筑"拆"字当头，毫不珍惜，那样的城市化只能是抹去记忆的城市化，是丧失精气神的城市化。除了一堆钢筋水泥，还能给后世留下什么？我们不少大中城市早些年在城市改造和扩张中，将古建筑统统推倒新建现代建筑，现在各城市都成了统一模样的高楼大厦，失去了个性和文化后，近几年不少地方却又斥巨资修建仿古建筑、仿古一条街。在推进新农村建设中，农村居民住房建设，千万不能在单一思想意识的主导下搞"样板房"，搞一个模式。应在保护原生态、原村落、传统民俗、传统风格、多样性的前提下进行，重点是先改造基础设施，基础设施和环境搞好了，农民自己会遵循乡土建筑经济、实用、美观的原则，选择修建最适宜的，具有地方特色、民族特色、传统风貌的民居。

其实这个世界上，有许多美丽的东西与我们近在咫尺，只是由于在城市里居住久了，竟然对它们视而不见。田园风光本该是我们每个人意识的源头，心灵的故乡，是一种无语的念想和精神的栖息地。如果我们能够暂时躲开喧嚣的城市，排除掉浮躁和焦虑，以宁静、恬淡的心态回顾和体味一下田园风光，那无疑就是一次心灵的洗涤、精神的返乡。然而，现实的情况却让人担忧，使人茫然。排山倒海的现代文明不仅摧残着大自然的旷野，而且使人们无形中远离乃至抛弃了哺育自己的家园。目前我国农村点源污染与面源污染共存，生活污染与工业污染叠加，各种新旧污染相互交织，农村的生态环境问题已经成为制约农村经济社会可持续发展的突出问题。农村本该是城市的后花园，绝不能沦为城市的垃圾场。现代人如果完全丧失了对自然的感恩，又靠什么来维系和构建赖以栖息的家园？自然养育了人类，可我们缺失了感恩，缺失了对其他生命的尊重。人类对自然缺失了道德，自然也给人类以惩罚。如今夏季的雨越来越稀疏，冬季的雪也逐年稀薄了，生活在大城市里的人很难看到蓝天白云，儿童只是唱"天上的星星亮晶晶"，但没看见过，也呼吸不着清新的空气，每天闻的是汽车排放的尾气，听的是城市文明的噪声。人们生态道德的缺失正是今天生态环境危机最重要的原因之一。

中国农耕文化、传统文化最主要的精神和价值是"天人合一""自强不息""和而不同""自我认知""自我反省"的理念。不要把人和自然割裂，不要对自然一味地征服、一味地开发、一味地掠夺。大自然能够满足人们的需要，但不能满足人们的贪欲。要尊重自然，热爱自然，保护自然。大自然是人类的母亲，也是知识之源，我们应该重视农业文化遗产的抢救和保护，重视农耕文化的传承和弘扬，重视人类文化遗产的保护与传承，保护文化的源头和母本。特别是在经济社会快速发展中，在发展现代农业、新农村建设、推进城镇化进程中，应注意借鉴和汲取农耕文化的理念，保护传统民俗、传统民居和地方特色文化，弘扬鲜明的地域文化，传承和发扬中国优秀的传统人文精神，维系生产生态生活的和谐发展。

（二）农耕文化发展的意义

1. 保障粮食安全，促进农业生产经营

人多地少、耕地稀缺是我国的基本国情，要保障粮食安全，需要秉承精耕细作的耕作制度，加强土地的集约化利用。我们的先人早在夏朝就萌发了精耕细作的理念，并逐渐形成了精耕细作的农业生产技术体系。《氾胜之书》记载："凡耕之本，在于趣时，和土，务粪泽，早锄，早获。"十几个字就将精耕细作的农业生产模式较为完整地表述出来。传承农耕文化，首先就要传承这种精耕细作的理念，促进农业生产发展，保障粮食等主要农产品的有效供给。

2. 改善生态环境，发展循环农业

农耕文化强调天地人的和谐共生，我们的祖先创造的"杂五种，以备灾害"的作物轮作、间作、套种等种植方式，桑基鱼塘、稻鱼共生、水域立体养殖、病虫害生物防治等农业生产技术，无不体现了生态循环、环境友好、资源保护的理念。传承历代保护资源环境的优秀文化，对于当今解决地力衰竭、农业面源污染等问题，具有重要借鉴意义，同时还有利于增强人们自觉保护资源环境的意识。

3. 拓展农业多功能，培育发展新动能

在当前我国新旧发展动能转换的关键时期，传承农耕文化，有利于推进农业与文化、旅游等产业的融合发展，发掘农耕文化旅游等新型业态，拓展农业功能，培育农业农村发展新动能。当前，休闲农业与乡村旅游已经成为农村经济新的增长点。古朴的乡村农耕情调，是农耕文化的载体，其韵味独特、风光宜人，独具田园情调，是发展休闲农业与乡村旅游的重要基础。

4. 提高民族凝聚力，增强国际认同感

我国每个民族根据所处自然条件和拥有资源的特点，因地制宜地从事农业生产，并由此创造了自己的农耕文化，如哈尼族的梯田文化、壮族霜降节、苗族赶秋节、湖南安仁赶分社等。这些农耕文化具有鲜明的民族特色和风格，是维系民族生存和发展的精神纽带。传承农耕文化，就要传承这些民族特色文化，增强民族凝聚力，提高世界其他民族对中华民族传统文化的认同感。例如，云南元阳利用哈尼梯田资源，每两年举办一次"中国红河元阳哈尼梯田文化旅游节"，向海内外游客展示当地悠久的梯田文化，不断扩大国际影响力。

本章小结

本章内容包括农耕文化的内涵、特征、实践原则及农耕文化的体现和作用等基本知识，还介绍了农耕文化的传承价值和农耕文化的发展意义。通过学习引导学生根据"地域""民族""历史""乡土"等关键词理解农耕文化的多元化特征；明确农耕文化具备的协调和谐的三才观、趋时避害的农时观、辨土肥田的地力观、种养三宜的物性观、变废为宝的循环观和御欲尚俭的节用观的实践原则。帮助学生树立农耕文化是中华文化之母的基本理念。树立协

调和谐、趋时避害、变废为宝、勤俭节约的崇高思想。

复习思考

① 你知道哪些农耕文化？
② 农耕文化的具体体现有哪些？
③ 农耕文化的实践原则是什么？
④ 如何传承中国农耕文化？
⑤ 结合农业实际思考发展农耕文化的意义。

第八章　农业综合性法律法规

学习目标：

1. 知识目标
   - 了解农业综合性法律相关知识
   - 了解公司相关的法律知识
   - 掌握农民专业合作社的相关法律知识
   - 掌握农产品质量安全的相关法律知识
   - 熟悉劳动合同的相关法律知识
   - 熟悉农业土地流转的相关法律知识

2. 技能目标
   - 能够运用相关的法律知识处理经营过程中的问题
   - 学会防范农业生产经营中的各种经济法律风险
   - 能够运用农业相关法律知识规范特定经营事项
   - 能够批判性地思考和评估法律问题
   - 能够阅读、理解和解释法律文件、法规和案例

3. 素养目标
   - 培养学生良好的职业行为操守和德法兼修的职业素养
   - 培养学生合法合规意识，提升社会责任感
   - 引导学生树立保护环境、耕地等资源的法律常识
   - 增强学生守法用法的荣誉感和使命感
   - 引导学生深入理解法律对结果公正、实质公正和代际公正的价值追求
   - 树立法律思维，提升学生法治实践的参与能力

有人认为农业经济组织已经设立了法务部门或聘请了专门的法律顾问，如果有法律问题交给法务部处理就好了。抱有这样想法的人，在未来经营农业中会存在较大的风险，尤其是作为一名农业经理人。因为农业经理人是行事缜密严谨的管理者，是敏锐识别风险的"感应器"，是法律筹划的"战略家"，也是组织内部的"立法者"。如果农业经理人对法律陌生，不具备法律思维，没有相关法律知识，将会给组织埋下纠纷的隐患。

当然，拥有法律思维，并不意味着要背诵枯燥的法律条文，也不是要亲自解决法律纠纷，而是要能够明确法律精神，了解相关法律法规，能在复杂的经营活动中认清诱惑和机会，规范经营，规矩行事，远离商业陷阱，规避风险，保障组织的合法利益，提升组织价值，使组织得以持续发展。

第一节　农业综合性法律

一、《中华人民共和国农业法》的相关知识

《中华人民共和国农业法》（以下简称《农业法》）于 1993 年 7 月 2 日第八届全国人民代表大会常务委员会第二次会议通过，2002 年 12 月 28 日修订，2009 年 8 月 27 日、2012 年 12 月 28 日先后进行两次修正。制定《中华人民共和国农业法》，是为了巩固和加强农业在国民经济中的基础地位，深化农村改革，发展农业生产力，推进农业现代化，维护农民和农业生产经营组织的合法权益，增加农民收入，提高农民科学文化素质，促进农业和农村经济的持续、稳定、健康发展，实现全面建设小康社会的目标。

《农业法》共十三章，分为总则、农业生产经营体制、农业生产、农产品流通与加工、粮食安全、农业投入与支持保护、农业科技与农业教育、农业资源与农业环境保护、农民权益保护、农村经济发展、执法监督、法律责任和附则，共计 99 条。

《农业法》明确了农业生产经营组织、对农业生产资料的相关规定、财政预算内安排的各项用于农业的资金主要用处、对依法保护农民权益的主要规定等。

《农业法》对农业生产经营体制进行了法律规定，确立了农民专业合作经济组织的法律地位，明确了农民专业合作经济组织的组织原则、农业产业化经营的模式和作用、农产品行业协会的法律地位和职责。

《农业法》明确规定了农业和农村经济结构调整的方向和重点，即全面提高农产品质量，加快畜牧业发展，发展农产品加工，优化农业区域布局，调整农村劳动力就业结构等。

《农业法》规定县级以上各级人民政府在农业经济结构调整中的职责。根据国民经济和社会发展的中长期规划、农业和农村经济发展的基本目标和农业资源区划，制定农业发展规划。制定政策，安排资金，引导和支持农业机构调整，协调发展种植业、林业、畜牧业和渔业，发展优质、高产、高效益的农业，提高农产品国际竞争力。

《农业法》明确了农产品购销体制改革方向，即明确了农产品市场体系的基本特征，规定建立统一、开放、竞争有序的农产品市场体系规范市场流通秩序；疏通"绿色通道"；扶持农民专业合作经济组织和乡镇企业从事农产品加工。

《农业法》明确规定了国家保障粮食安全的措施，确保生产足够数量的粮食；最大限度地稳定粮食供应；确保所有需要粮食的人都能获得粮食。

《农业法》明确了财政预算内投入农业资金的使用方向。鼓励农民和农业生产经营组织增加农业投入，鼓励社会资金投向农业，促进农业扩大利用外资；鼓励和支持开展多种形式的农业生产产前、产中、产后的社会化服务；健全农村金融服务体系，对农民和农业生产经营组织的农业生产经营活动提供信贷支持；建立和完善农业保险制度；建立符合世贸组织规则的农业保护机制。

《农业法》确立了保护和改善生态环境的目标，即对土地资源的利用保护做了进一步规定，明确了各级人民政府的职责和任务；明确了各级人民政府在预防和治理水土流失、土地沙化

方面的责任；明确了各级人民政府在保护林地、草原、水域及野生动物资源等方面的责任；确立了国家对退耕农民、转业渔民提供补助制度。

《农业法》明确了保护农民和农业生产经营组织的财产及其他合法权益不受侵犯。即农民和农业生产经营组织有权拒绝乱收乱罚、非法摊派及强制集资；保护农民的土地承包权，国家依法征收农民集体所有的土地，应当依法给予农民和农村集体经济组织征地补偿；单位和个人向农民或者农业生产经营组织提供生产、技术、信息、文化、保险等有偿服务，必须坚持农民自愿原则，不得强迫；农产品收购单位在收购农产品时，不得压级压价，不得在支付的价款中非法扣缴任何费用；当农民的权益受到侵犯时，为农民提供法律援助。

二、《中华人民共和国民法典》[①]的相关知识

《中华人民共和国民法典》（以下简称《民法典》）被称为"社会生活的百科全书"，是新中国第一部以法典命名的法律，在法律体系中居于基础性地位，也是市场经济的基本法。2020年5月28日，第十三届全国人民代表大会三次会议表决通过了《中华人民共和国民法典》，自2021年1月1日起施行。《中华人民共和国婚姻法》《中华人民共和国继承法》《中华人民共和国民法通则》《中华人民共和国收养法》《中华人民共和国担保法》《中华人民共和国合同法》《中华人民共和国物权法》《中华人民共和国侵权责任法》《中华人民共和国民法总则》同时废止。

《民法典》共7编、1260条，各编依次为总则、物权、合同、人格权、婚姻家庭、继承、侵权责任，以及附则。通篇贯穿以人民为中心的发展思想，着眼满足人民对美好生活的需要，对公民的人身权、财产权、人格权等作出明确详实的规定，并规定侵权责任，明确权利受到削弱、减损、侵害时的请求权和救济权等，体现了对人民权利的充分保障，被誉为"新时代人民权利的宣言书"。

（一）总则编

第一编"总则"规定民事活动必须遵循的基本原则和一般性规则，统领民法典各分编。第一编基本保持原《民法总则》的结构和内容不变，根据法典编纂体系化要求对个别条款作了文字修改，并将"附则"部分移到民法典草案的最后。第一编共10章、204条，主要内容有：

① 关于基本规定。第一编第一章规定了《民法典》的立法目的和依据。其中，将"弘扬社会主义核心价值观"作为一项重要的立法目的，体现坚持依法治国与以德治国相结合的鲜明中国特色。同时，规定了民事权利及其他合法权益受法律保护，确立了平等、自愿、公平、诚信、守法和公序良俗等民法基本原则。为贯彻习近平生态文明思想，将绿色原则确立为民法的基本原则，规定民事主体从事民事活动，应当有利于节约资源、保护生态环境。

② 关于民事主体。民事主体是民事关系的参与者、民事权利的享有者、民事义务的履行者和民事责任的承担者，具体包括三类：一是自然人。自然人是最基本的民事主体。《民法典》规定了自然人的民事权利能力和民事行为能力制度、监护制度、宣告失踪和宣告死亡制度，

---

① 对《中华人民共和国民法典》的解析仅包涵可能涉及农业活动的内容，未对第五编婚姻家庭和第六编继承进行解析。

并对个体工商户和农村承包经营户作了规定。结合新冠疫情防控工作，对监护制度作了进一步完善，规定因发生突发事件等紧急情况，监护人暂时无法履行监护职责，被监护人的生活处于无人照料状态的，被监护人住所地的居民委员会、村民委员会或者民政部门应当为被监护人安排必要的临时生活照料措施。二是法人。法人是依法成立的，具有民事权利能力和民事行为能力，依法独立享有民事权利和承担民事义务的组织。《民法典》规定了法人的定义、成立原则和条件、住所等一般规定，并对营利法人、非营利法人、特别法人三类法人分别作了具体规定。三是非法人组织。非法人组织是不具有法人资格，但是能够依法以自己的名义从事民事活动的组织。《民法典》对非法人组织的设立、责任承担、解散、清算等作了规定。

③ 关于民事权利。保护民事权利是民事立法的重要任务。第一编第五章规定了民事权利制度，包括各种人身权利和财产权利。为建设创新型国家，《民法典》对知识产权作了概括性规定，以统领各个单行的知识产权法律。同时，对数据、网络虚拟财产的保护作了原则性规定。此外，还规定了民事权利的取得和行使规则等内容。

④ 关于民事法律行为和代理。民事法律行为是民事主体通过意思表示设立、变更、终止民事法律关系的行为，代理是民事主体通过代理人实施民事法律行为的制度。第一编第六章、第七章规定了民事法律行为制度、代理制度：一是规定民事法律行为的定义、成立、形式和生效时间等。二是对意思表示的生效、方式、撤回和解释等作了规定。三是规定民事法律行为的效力制度。四是规定了代理的适用范围、效力、类型等代理制度的内容。

⑤ 关于民事责任、诉讼时效和期间计算。民事责任是民事主体违反民事义务的法律后果，是保障和维护民事权利的重要制度。诉讼时效是权利人在法定期间内不行使权利，权利不受保护的法律制度，其功能主要是促使权利人及时行使权利、维护交易安全、稳定法律秩序。第一编第八章、第九章、第十章规定了民事责任、诉讼时效和期间计算制度：一是规定了民事责任的承担方式，并对不可抗力、正当防卫、紧急避险、自愿实施紧急救助等特殊的民事责任承担问题作了规定。二是规定了诉讼时效的期间及其起算、法律效力，诉讼时效的中止、中断等内容。三是规定了期间的计算单位、起算、结束和顺延等。

（二）物权编

物权是民事主体依法享有的重要财产权。物权法律制度调整因物的归属和利用而产生的民事关系，是最重要的民事基本制度之一。2007年第十届全国人民代表大会第五次会议通过了《中华人民共和国物权法》。《民法典》第二编"物权"在原《物权法》的基础上，按照党中央提出的完善产权保护制度，健全归属清晰、权责明确、保护严格、流转顺畅的现代产权制度的要求，结合现实需要，进一步完善了物权法律制度。第二编共5个分编、20章、259条，主要内容有：

① 关于通则。第一分编为通则，规定了物权制度基础性规范，包括平等保护等物权基本原则、物权变动的具体规则，以及物权保护制度。党的十九届四中全会通过的《中共中央关于坚持和完善中国特色社会主义制度推进国家治理体系和治理能力现代化若干重大问题的决定》对社会主义基本经济制度有了新的表述，为贯彻会议精神，《民法典》将有关基本经济制度的规定修改为："国家坚持和完善公有制为主体、多种所有制经济共同发展，按劳分配为主体、多种分配方式并存，社会主义市场经济体制等社会主义基本经济制度。"

② 关于所有权。所有权是物权的基础，是所有人对自己的不动产或者动产依法享有占有、使用、收益和处分的权利。第二分编规定了所有权制度，包括所有权人的权利，征收和征用规则，国家、集体和私人的所有权，相邻关系、共有等所有权基本制度。针对近年来群众普遍反映业主大会成立难、公共维修资金使用难等问题，并结合疫情防控工作，在现行物权法规定的基础上，进一步完善了业主的建筑物区分所有权制度：一是明确地方政府有关部门、居民委员会应当对设立业主大会和选举业主委员会给予指导和协助。二是适当降低业主共同决定事项，特别是使用建筑物及其附属设施维修资金的表决门槛，并增加规定紧急情况下使用维修资金的特别程序。三是结合疫情防控工作，在征用组织、个人的不动产或者动产的事由中增加"疫情防控"；明确物业服务企业和业主的相关责任和义务，增加规定物业服务企业或者其他管理人应当执行政府依法实施的应急处置措施和其他管理措施，积极配合开展相关工作，业主应当依法予以配合。

③ 关于用益物权。用益物权是指权利人依法对他人的物享有占有、使用和收益的权利。第三分编规定了用益物权制度，明确了用益物权人的基本权利和义务，以及建设用地使用权、宅基地使用权、地役权等用益物权。《民法典》还在原《物权法》规定的基础上，作了进一步完善：一是落实党中央关于完善产权保护制度依法保护产权的要求，明确住宅建设用地使用权期限届满的，自动续期；续期费用的缴纳或者减免，依照法律、行政法规的规定办理。二是完善农村集体产权相关制度，落实农村承包地"三权分置"改革的要求，对土地承包经营权的相关规定作了完善，增加土地经营权的规定，并删除耕地使用权不得抵押的规定，以适应"三权分置"后土地经营权入市的需要。考虑到农村集体建设用地和宅基地制度改革正在推进过程中，《民法典》与《中华人民共和国土地管理法》等作了衔接性规定。三是为贯彻党的十九大提出的加快建立多主体供给、多渠道保障住房制度的要求，增加规定"居住权"这一新型用益物权，明确居住权原则上无偿设立，居住权人有权按照合同约定或者遗嘱，经登记占有、使用他人的住宅，以满足其稳定的生活居住需要。

④ 关于担保物权。担保物权是指为了确保债务履行而设立的物权，包括抵押权、质权和留置权。第四分编对担保物权作了规定，明确了担保物权的含义、适用范围、担保范围等共同规则，以及抵押权、质权和留置权的具体规则。《民法典》在原《物权法》规定的基础上，进一步完善了担保物权制度，为优化营商环境提供法治保障：一是扩大担保合同的范围，明确融资租赁、保理、所有权保留等非典型担保合同的担保功能，增加规定担保合同包括抵押合同、质押合同和其他具有担保功能的合同。二是删除有关担保物权具体登记机构的规定，为建立统一的动产抵押和权利质押登记制度留下空间。三是简化抵押合同和质押合同的一般条款。四是明确实现担保物权的统一受偿规则。

⑤ 关于占有。占有是指对不动产或者动产事实上的控制与支配。第五分编对占有的调整范围、无权占有情形下的损害赔偿责任、原物及孳息的返还以及占有保护等作了规定。

（三）合同编

合同制度是市场经济的基本法律制度。1999年第九届全国人民代表大会第二次会议通过了《中华人民共和国合同法》。《民法典》第三编"合同"在原《合同法》的基础上，贯彻全面深化改革的精神，坚持维护契约、平等交换、公平竞争，促进商品和要素自由流动，完善合同制度。第三编共3个分编、29章、527条，主要内容有：

① 关于通则。第一分编为通则，规定了合同的订立、效力、履行、保全、转让、终止、违约责任等一般性规则，并在原《合同法》的基础上，完善了合同总则制度：一是通过规定非合同之债的法律适用规则、多数人之债的履行规则等完善债法的一般性规则。二是完善了电子合同订立规则，增加了预约合同的具体规定，完善了格式条款制度等合同订立制度。三是结合新冠疫情防控工作，完善国家订货合同制度，规定国家根据抢险救灾、疫情防控或者其他需要下达国家订货任务、指令性计划的，有关民事主体之间应当依照有关法律、行政法规规定的权利和义务订立合同。四是针对实践中一方当事人违反义务不办理报批手续影响合同生效的问题，《民法典》明确了当事人违反报批义务的法律后果，健全合同效力制度。五是完善合同履行制度，落实绿色原则，规定当事人在履行合同过程中应当避免浪费资源、污染环境和破坏生态。同时，在总结司法实践经验的基础上增加规定了情势变更制度。六是完善代位权、撤销权等合同保全制度，进一步强化对债权人的保护，细化了债权转让、债务移转制度，增加了债务清偿抵充规则、完善了合同解除等合同终止制度。七是通过吸收原《担保法》有关定金规则的规定，完善违约责任制度。

② 关于典型合同。典型合同在市场经济活动和社会生活中应用普遍。为适应现实需要，在原《合同法》规定的买卖合同、赠与合同、借款合同、租赁合同等15种典型合同的基础上，第二分编增加了4种新的典型合同：一是吸收了担保法中关于保证的内容，增加了保证合同。二是适应我国保理行业发展和优化营商环境的需要，增加了保理合同。三是针对物业服务领域的突出问题，增加规定了物业服务合同。四是增加规定了合伙合同，将民法通则中有关个人合伙的规定纳入其中。

第三编还在总结原《合同法》实践经验的基础上，完善了其他典型合同：一是通过完善检验期限的规定和所有权保留规则等完善买卖合同。二是为维护正常的金融秩序，明确规定禁止高利放贷，借款的利率不得违反国家有关规定。三是落实党中央提出的建立租购同权住房制度的要求，保护承租人利益，增加规定房屋承租人的优先承租权。四是针对近年来客运合同领域出现的旅客霸座、不配合承运人采取安全运输措施等严重干扰运输秩序和危害运输安全的问题，维护正常的运输秩序，《民法典》细化了客运合同当事人的权利义务。五是根据经济社会发展需要，修改完善了赠与合同、融资租赁合同、建设工程合同、技术合同等典型合同。

③ 关于准合同。无因管理和不当得利既与合同规则同属债法性质的内容，又与合同规则有所区别，第三分编"准合同"分别对无因管理和不当得利的一般性规则作了规定。

（四）人格权编

人格权是民事主体对其特定的人格利益享有的权利，关系到每个人的人格尊严，是民事主体最基本的权利。《民法典》第四编"人格权"在现行有关法律法规和司法解释的基础上，从民事法律规范的角度规定自然人和其他民事主体人格权的内容、边界和保护方式，不涉及公民政治、社会等方面权利。第四编共6章、52条，主要内容有：

① 关于一般规定。第四编第一章规定了人格权的一般性规则：一是明确人格权的定义。二是规定民事主体的人格权受法律保护，人格权不得放弃、转让或者继承。三是规定了对死者人格利益的保护。四是明确规定人格权受到侵害后的救济方式。

② 关于生命权、身体权和健康权。第四编第二章规定了生命权、身体权和健康权的具体内容，并对实践中社会比较关注的有关问题作了有针对性的规定：一是为促进医疗卫生事业的发展，鼓励遗体捐献的善行义举，《民法典》吸收行政法规的相关规定，确立器官捐献的基本规则。二是为规范与人体基因、人体胚胎等有关的医学和科研活动，明确从事此类活动应遵守的规则。三是近年来，性骚扰问题引起社会较大关注，《民法典》在总结既有立法和司法实践经验的基础上，规定了性骚扰的认定标准，以及机关、企业、学校等单位防止和制止性骚扰的义务。

③ 关于姓名权和名称权。第四编第三章规定了姓名权、名称权的具体内容，并对民事主体尊重保护他人姓名权、名称权的基本义务作了规定：一是对自然人选取姓氏的规则作了规定。二是明确对具有一定社会知名度，被他人使用足以造成公众混淆的笔名、艺名、网名等，参照适用姓名权和名称权保护的有关规定。

④ 关于肖像权。第四编第四章规定了肖像权的权利内容及许可使用肖像的规则，明确禁止侵害他人的肖像权：一是针对利用信息技术手段"深度伪造"他人的肖像、声音，侵害他人人格权益，甚至危害社会公共利益等问题，规定禁止任何组织或者个人利用信息技术手段伪造等方式侵害他人的肖像权。并明确对自然人声音的保护，参照适用肖像权保护的有关规定。二是为了合理平衡保护肖像权与维护公共利益之间的关系，《民法典》结合司法实践，规定肖像权的合理使用规则。三是从有利于保护肖像权人利益的角度，对肖像许可使用合同的解释、解除等作了规定。

⑤ 关于名誉权和荣誉权。第四编第五章规定了名誉权和荣誉权的内容：一是为了平衡个人名誉权保护与新闻报道、舆论监督之间的关系，《民法典》对行为人实施新闻报道、舆论监督等行为涉及的民事责任承担，以及行为人是否尽到合理核实义务的认定等作了规定。二是规定民事主体有证据证明报刊、网络等媒体报道的内容失实，侵害其名誉权的，有权请求更正或者删除。

⑥ 关于隐私权和个人信息保护。第四编第六章在现行有关法律规定的基础上，进一步强化对隐私权和个人信息的保护，并为下一步制定个人信息保护法留下空间：一是规定了隐私的定义，列明禁止侵害他人隐私权的具体行为。二是界定了个人信息的定义，明确了处理个人信息应遵循的原则和条件。三是构建自然人与信息处理者之间的基本权利义务框架，明确处理个人信息不承担责任的特定情形，合理平衡保护个人信息与维护公共利益之间的关系。四是规定国家机关及其工作人员负有保护自然人的隐私和个人信息的义务。

（五）侵权责任编

侵权责任是民事主体侵害他人权益应当承担的法律后果。2009年第十一届全国人大常务委员会第十二次会议通过了《中华人民共和国侵权责任法》。该法实施以来，在保护民事主体的合法权益、预防和制裁侵权行为方面发挥了重要作用。《民法典》第七编"侵权责任"在总结实践经验的基础上，针对侵权领域出现的新情况，吸收借鉴司法解释的有关规定，对侵权责任制度作了必要的补充和完善。第七编共10章、95条，主要内容有：

① 关于一般规定。第七编第一章规定了侵权责任的归责原则、多数人侵权的责任承担、侵权责任的减轻或者免除等一般规则，并在原《侵权责任法》的基础上作了进一步的完善：一是确立"自甘风险"规则，规定自愿参加具有一定风险的文体活动，因其他参加者的行为

受到损害的,受害人不得请求没有故意或者重大过失的其他参加者承担侵权责任。二是规定"自助行为"制度,明确合法权益受到侵害,情况紧迫且不能及时获得国家机关保护,不立即采取措施将使其合法权益受到难以弥补的损害的,受害人可以在保护自己合法权益的必要范围内采取扣留侵权人的财物等合理措施,但是应当立即请求有关国家机关处理。受害人采取的措施不当造成他人损害的,应当承担侵权责任。

② 关于损害赔偿。第七编第二章规定了侵害人身权益和财产权益的赔偿规则、精神损害赔偿规则等。同时,在原《侵权责任法》的基础上,对有关规定作了进一步完善:一是完善精神损害赔偿制度,规定因故意或者重大过失侵害自然人具有人身意义的特定物造成严重精神损害的,被侵权人有权请求精神损害赔偿。二是为加强对知识产权的保护,提高侵权违法成本,《民法典》增加规定,故意侵害他人知识产权,情节严重的,被侵权人有权请求相应的惩罚性赔偿。

③ 关于责任主体的特殊规定。《民法典》第七编第三章规定了无民事行为能力人、限制民事行为能力人及其监护人的侵权责任,用人单位的侵权责任,网络侵权责任,以及公共场所的安全保障义务等。同时,《民法典》在原《侵权责任法》的基础上作了进一步完善:一是增加规定委托监护的侵权责任。二是完善网络侵权责任制度。为了更好地保护权利人的利益,平衡好网络用户和网络服务提供者之间的利益,《民法典》细化了网络侵权责任的具体规定,完善了权利人通知规则和网络服务提供者的转通知规则。

④ 关于各种具体侵权责任。第七编的其他各章分别对产品生产销售、机动车交通事故、医疗、环境污染和生态破坏、高度危险、饲养动物、建筑物和物件等领域的侵权责任规则作出了具体规定。并在原《侵权责任法》的基础上,对有关内容作了进一步完善:一是完善生产者、销售者召回缺陷产品的责任,增加规定,依照相关规定采取召回措施的,生产者、销售者应当负担被侵权人因此支出的必要费用。二是明确交通事故损害赔偿的顺序,即先由机动车强制保险理赔,不足部分由机动车商业保险理赔,仍不足的由侵权人赔偿。三是进一步保障患者的知情同意权,明确医务人员的相关说明义务,加强医疗机构及其医务人员对患者隐私和个人信息的保护。四是贯彻落实习近平生态文明思想,增加规定生态环境损害的惩罚性赔偿制度,并明确规定了生态环境损害的修复和赔偿规则。五是加强生物安全管理,完善高度危险责任,明确占有或者使用高致病性危险物造成他人损害的,应当承担侵权责任。六是完善高空抛物坠物治理规则。为保障好人民群众的生命财产安全,《民法典》对高空抛物坠物治理规则作了进一步的完善,规定禁止从建筑物中抛掷物品,同时针对此类事件处理的主要困难是行为人难以确定的问题,强调有关机关应当依法及时调查,查清责任人,并规定物业服务企业等建筑物管理人应当采取必要的安全保障措施防止此类行为的发生。

(六)附则

最后部分"附则"明确了《民法典》与原《中华人民共和国婚姻法》《中华人民共和国继承法》《中华人民共和国民法通则》《中华人民共和国收养法》《中华人民共和国担保法》《中华人民共和国合同法》《中华人民共和国物权法》《中华人民共和国侵权责任法》《中华人民共和国民法总则》的关系。《民法典》施行后,上述民事单行法律被替代。因此,《民法典》规定在民法典施行之时,同步废止上述民事单行法律。同时,作为与《中华人民共和国民法通则》《中华人民共和国婚姻法》相关的法律解释,也同步废止。

第二节　市场经营主体相关法律

一、《中华人民共和国公司法》的相关知识

《中华人民共和国公司法》（以下简称《公司法》）是社会主义市场经济体系中非常重要的一部法律，它是为了规范公司的组织和行为，保护公司、股东、职工和债权人的合法权益，维护社会经济秩序，促进社会主义市场经济的发展而制定的法律。它确立了公司市场主体的法律地位，为建立现代企业制度，促进社会主义市场经济的健康发展提供了坚实的法律支撑。目前，我国的《公司法》于 1993 年制定，于 2005 年、2023 年先后做过两次修订，于 1999 年、2004 年、2013 年、2018 年先后做过四次简单的修正。

《公司法》全文共有十五章 266 条内容，包括总则、公司登记、有限责任公司的设立和组织机构、有限责任公司的股权转让、股份有限公司的设立和组织机构、股份有限公司的股份发行和转让等内容。

总则部分明确了公司的基本含义，以及股东权利义务等内容，公司是依照本法在中国境内设计的有限责任公司和股份有限公司。公司是企业法人，有独立的法人财产享有法人财产权。设立公司应当依法登记并制定公司章程，规定公司股东不得滥用股东权利损害公司及其他股东的利益，不得滥用公司法人独立地位和股东有限责任损害公司债权人的利益。

《公司法》明确规定了公司的设立和组织机构，规定有限责任公司的注册资本为登记的全体股东认缴出资额，股东可以用货币出资，也可以用实物等能够估价并可以依法转让的非货币财产出资。股东会由全体股东组成，是公司的权力机构，董事会对股东会负责，监事会每年度至少召开一次会议。

与此同时，《公司法》还明确了股份有限公司的设立和组织机构，规定股份有限公司的设立，可以采取发起或者募集的方式；向社会公开募集股份，必须公告招股说明书，并制作认股书。股东大会由全体股东组成，董事会每年度至少召开两次会议，监事会成员为三人以上。

《公司法》对股份有限公司的股份发行和转让也做了特别规定，股份有限公司的股份，每一股金额相等，股东持有的股份可以依法转让。《公司法》对公司董事、监事、高级管理人员的资格和义务做了规定，对无民事行为能力或者限制民事行为能力的人，以及有贪污、贿赂、侵占财产等情形的不得担任公司的董事、监事、高级管理人员。董事、监事、高级管理人员执行公司职务时违反规定，给公司造成损失的，应当也承担赔偿责任。

《公司法》规定，公司发行公司债券应当符合《中华人民共和国证券法》等法律、行政法规规定的发行条件。公司债券可以转让，转让价格由转让人与受让人约定。

《公司法》规定，公司分配当年税后利润时，应当提取利润的百分之十列入公司法定公积金。公司的公积金用于弥补公司的亏损，扩大公司生产经营或者转为增加公司资本。

《公司法》规定，公司合并可以采取吸收合并或者新设合并。公司合并时，合并各方的债权、债务，应当由合并后存续的公司或者新设的公司承继。

《公司法》规定，解散公司应当依法进行清算，公司应当在解散事由出现之日起十五日内组成清算组进行清算。清算组在清理公司财产、编制资产负债表和财产清单后，发现公司财

产不足清偿债务时，应当依法向人民法院申请宣告破产。

《公司法》规定，依照外国法律在中华人民共和国境外设立的公司为外国公司，外国公司在中国境内设立分支机构必须向中国主管机关提出申请，并向该分支机构拨付与其所从事经营活动相适应的资金。

对于各方的相关责任，《公司法》也同样做了明确的规定。对于违反本法规定，按照不同的情形，分别给予民事、行政和刑事处罚。

二、《中华人民共和国农民专业合作社法》的相关知识

为了支持、引导农民专业合作社的发展，规范农民专业合作社的组织和行为，保护农民专业合作社及其成员的合法权益，促进农业和农村经济的发展，制定《中华人民共和国农民专业合作社法》(以下简称《农民专业合作社法》)，自 2007 年 7 月 1 日起施行。2017 年 12 月 27 日修订通过并予以公布，修订后的新《农民专业合作社法》自 2018 年 7 月 1 日起施行。

农民专业合作社是指在农村家庭承包经营基础上，同类农产品的生产经营者或者同类农业生产经营服务的提供者、利用者，自愿联合、民主管理的互助性经济组织。农民专业合作社以其成员为主要服务对象，提供农业生产资料的购买，农产品的销售、加工、运输、贮藏以及与农业生产经营有关的技术、信息等服务。

《农民专业合作社法》的内容有总则，设立和登记，成员，组织机构，财务管理，合并、分立、解散和清算，农民专业合作社联合社，农民专业合作社的扶持措施，法律责任及附则十个部分。

农民专业合作社合并，应当自合并决议作出之日起十日内通知债权人。合并各方的债权、债务应当由合并后存续或者新设的组织承继。

农民专业合作社分立，其财产作相应的分割，并应当自分立决议作出之日起十日内通知债权人。分立前的债务由分立后的组织承担连带责任。但是，在分立前与债权人就债务清偿达成的书面协议另有约定的除外。

农民专业合作社因下列原因解散：

① 章程规定的解散事由出现；

② 成员大会决议解散；

③ 因合并或者分立需要解散；

④ 依法被吊销营业执照或者被撤销。

因第一项、第二项、第四项原因解散的，应当在解散事由出现之日起十五个工作日内由成员大会推举成员组成清算组，开始解散清算。逾期不能组成清算组的，成员、债权人可以向人民法院申请指定成员组成清算组进行清算，人民法院应当受理该申请，并及时指定成员组成清算组进行清算。

清算组自成立之日起接管农民专业合作社，负责处理与清算有关未了结业务，清理财产和债权、债务，分配清偿债务后的剩余财产，代表农民专业合作社参与诉讼、仲裁或者其他法律程序，并在清算结束时办理注销登记。

清算必须按本法规定的程序进行。

第三节 劳动者保护相关法律

一、《中华人民共和国劳动法》的相关知识

《中华人民共和国劳动法》（以下简称《劳动法》）是为了保护劳动者的合法权益，调整劳动关系，建立和维护适应社会主义市场经济的劳动制度，包括用人、就业、工资分配、社会保险、职业培训、劳动安全卫生等制度，促进经济发展和社会进步的一部重要法律支撑。该法自1995年1月1日起施行。2009年8月27日第一次修正，2018年12月29日第二次修正。

《劳动法》的内容主要有总则、促进就业、劳动合同和集体合同、工作时间和休息休假、工资、劳动安全卫生、女职工和未成年工特殊保护、职业培训、社会保险和福利、劳动争议、监督检查、法律责任以及附则共十三部分。

《劳动法》规定，在中华人民共和国境内的企业、个体经济组织（以下统称用人单位）和与之形成劳动关系的劳动者，适用本法。国家机关、事业组织、社会团体和与之建立劳动合同关系的劳动者，适用本法。

其中，企业是指从事产品生产、流通或服务性活动等实行独立经济核算的经济单位，包括各种所有制类型的企业，如工厂、农场、公司等。对劳动者的适用范围，包括国家机关、事业组织、社会团体的工勤人员；实行企业化管理的事业组织的非工勤人员；其他通过劳动合同（包括聘用合同）与国家机关、事业单位、社会团体建立劳动关系的劳动者。但需注意，《劳动法》的适用范围排除了公务员和比照实行公务员制度的事业组织和社会的工作人员，以及农业劳动者、现役军人和家庭保姆等。

《劳动法》规定，劳动者享有平等就业和选择职业的权利、取得劳动报酬的权利、休息休假的权利、获得劳动安全卫生保护的权利、接受职业技能培训的权利、享受社会保险和福利的权利、提请劳动争议处理的权利以及法律规定的其他劳动权利。劳动者应当完成劳动任务，提高职业技能，执行劳动安全卫生规程，遵守劳动纪律和职业道德。

其中，劳动报酬指劳动者从用人单位得到的全部工资收入。法律规定的其他劳动权利则指劳动者依法享有参加和组织工会的权利，参加职工民主管理权利，参加社会义务劳动的权利，参加劳动竞赛的权利，提出合理化建议的权利，从事科学研究、技术革新、发明创造的权利，依法解除劳动者合同的权利，对用人单位管理人员违章指挥、强令冒险作业有拒绝执行的权利，对危害生命安全和身体健康的行为有权得出批评、检举和控告的权利，对违反《劳动法》的行为进行监督的权利等。

《劳动法》规定，地方各级人民政府应当采取措施，发展多种类型的职业介绍机构，提供就业服务。

其中，多种类型的职业介绍机构指劳动部门、非劳动部门和个人开办的职业介绍机构，各级劳动就业服务机构开办的职业介绍机构，非劳动部门针对不同的求职对象开办的职业介绍机构等。各种类型的职业介绍机构其业务范围不同。就业服务主要包括：① 为劳动力供求双方相互选择，实现就业而提供的各类职业介绍服务；② 为提高劳动者职业技术和就业能力的层次、多形式的就业训练和转业训练服务；③ 为保障失业者基本生活和帮助其再就业的失

业保险服务；④组织劳动者开展生产自救和创业的劳动就业服务。就业服务的四项工作应做到有机结合，发挥整体作用，为劳动就业提供全面、高效、便捷的服务。

《劳动法》规定，妇女享有与男子平等的就业权利。在录用职工时，除国家规定的不适合妇女的工种或者岗位外，不得以性别为由拒绝录用妇女或者提高对妇女的录用标准。

《劳动法》规定，劳动合同是劳动者与用人单位确立劳动关系、明确双方权利和义务的协议。建立劳动关系应当订立劳动合同。劳动合同依法订立即具有法律约束力，当事人必须履行劳动合同规定的义务。订立和变更劳动合同，应当遵循平等自愿、协商一致的原则，不得违反法律、行政法规的规定。

《劳动法》规定，劳动合同应当以书面形式订立，并具备劳动合同期限、工作内容、劳动保护和劳动条件、劳动报酬、劳动纪律、劳动合同终止的条件和违反劳动合同的责任。劳动合同除前款规定的必备条款外，当事人可以协商约定其他内容。这里需要注意，劳动合同的必备条款中没有规定社会保险一项，因为社会保险在全社会范围内依法执行，并不是订立合同的双方当事人所能协商解决的。

《劳动法》规定，违反法律、行政法规或采取欺诈、威胁等手段订立的劳动合同无效。无效的劳动合同，从订立的时候起，就没有法律约束力。确认劳动合同部分无效的，如果不影响其余部分的效力，其余部分仍然有效。劳动合同的无效，由劳动争议仲裁委员会或者人民法院确认。

《劳动法》规定，劳动合同的期限分为有固定期限、无固定期限和以完成一定的工作为期限。劳动者在同一用人单位连续工作满十年以上，当事人双方同意续延劳动合同的，如果劳动者提出订立无固定期限的劳动合同，应当订立无固定期限的劳动合同。劳动合同可以约定试用期，但试用期最长不得超过六个月。

《劳动法》规定，劳动合同期满或者当事人约定的劳动合同终止条件出现，劳动合同即行终止。经劳动合同当事人协商一致，劳动合同可以解除。同时，劳动者有下列情形之一的，用人单位可以解除劳动合同：在试用期间被证明不符合录用条件的；严重违反劳动纪律或者用人单位规章制度的；严重失职，营私舞弊，对用人单位利益造成重大损害的和被依法追究刑事责任的。

二、《中华人民共和国劳动合同法》的相关知识

为了完善劳动合同制度，明确劳动合同双方当事人的权利和义务，保护劳动者的合法权益，构建和发展和谐稳定的劳动关系，2007年6月29日第十届全国人民代表大会常务委员会第二十八次会议通过《中华人民共和国劳动合同法》(以下简称《劳动合同法》)，自2008年1月1日起施行。2012年12月28日第十一届全国人民代表大会常务委员会第三十次会议修正。

《中华人民共和国劳动合同法》的内容主要有总则、劳动合同的订立、劳动合同的履行和变更、劳动合同的解除和终止、特别规定、监督检查、法律责任以及附则八部分。

1. 劳动合同的订立

订立劳动合同，应当遵循合法、公平、平等自愿、协商一致、诚实信用的原则。

依据《劳动合同法》，用人单位与劳动者订立劳动合同，可以在用工前，也可以在用工开

始的同时,但最迟必须在用工之日起一个月内与劳动者订立书面合同。

这里我们也要注意,即便劳动者出具本人不愿意签订劳动合同的书面声明,用人单位仍然承担不依法订立劳动合同的法律责任。因为根据《劳动合同法》的规定,订立书面劳动合同是用人单位的法定义务,它包括通知义务(用人单位应当在规定期限内主动提出与劳动者签订劳动合同)和拒签义务(用人单位应当对不愿意签订劳动合同的劳动者拒绝使用)。用人单位的上述义务并不是劳动者的单方面声明放弃就可以免除的。

对于劳动合同的形式,在实际中,多种书面材料均可作为已签订劳动合同的证明,而不局限于劳动合同标题的"劳动合同"。如包括了劳动期限、劳动报酬等内容,并按该内容实际履行的应聘登记表、聘用通知书、员工登记表的书面资料,应视为双方签订了书面劳动合同。也就是说是否签订劳动合同,在法院实际判决中看重实质而非形式,重在考查该书面文件的内容是否具有相关劳动者工作内容、劳动报酬、社会保险、劳动条件等与劳动者基本劳动权利密切相关的内容。

对于双方劳动关系的确定时间,根据《劳动合同法》规定,双方劳动关系的确定时间是用工之日,而非签订劳动合同之日。劳动者根据录用通知书上的约定或用人单位的指令到单位报到的第一天,即为用工之日,或者说是指用人单位实际上开始使用劳动者的劳动力,劳动者开始在用人单位的指挥、监督、管理下提供劳动,即为开始用工。

岗前培训也是劳动者受用人单位指派参加的,即使没有参加正式的工作,也应视为劳动者提供了"用工",也属于劳动关系的确定。劳动关系是否确立,不依据"一纸合同",一旦实际用工形成,单位就将承担工资、工伤、经济补偿金等责任。

依据《劳动合同法》,建立劳动关系应当订立书面劳动合同,但也存在例外情况,即非全日制用工双方当事人可以订立口头协议,这种形式非常适合进行农业劳动时的临时雇工。针对非全日制用工,《劳动合同法》规定,劳动者可以与一家以上的用人单位订立劳动合同,但后订立的不能影响先订立的。用人单位不得约定试用期,但任何一方都可以随时通知对方终止用工,且用人单位无须向劳动者支付经济补偿。对于非全日制用工报酬,《劳动合同法》规定,报酬标准不得低于用人单位所在地最低小时工资标准,结算周期最长不得超过十五日。

2. 劳动合同的履行和变更

劳动合同的履行,指的是劳动合同双方当事人按照劳动合同的约定,履行各自的义务,享有各自的权利。劳动合同的变更,指的是在劳动合同履行期间,劳动合同双方当事人协商一致后改变劳动合同的内容。劳动合同是否得到依法履行、劳动合同的变更是否以平等自愿、协商一致为前提,直接关系到劳动合同双方当事人尤其是劳动者权益能否得到保护。《劳动合同法》在总结《劳动法》有关配套规定的基础上,对《劳动法》关于劳动合同履行和变更的规定作出了补充规定:

(1)规定了劳动合同履行的一般原则

① 全面履行原则:指的是劳动合同双方当事人在任何时候,均应当履行劳动合同约定的全部义务。《劳动合同法》第二十九条规定,用人单位与劳动者应当按照劳动合同的约定,全面履行各自的义务。

② 合法原则:指的是劳动合同双方当事人在履行劳动合同的过程中,必须遵守法律法规,不得有违法行为。《劳动合同法》着重强调了三个方面,一是规定用人单位应当按照劳动合同

约定和国家规定及时足额支付劳动报酬。用人单位拖欠或者未足额支付劳动报酬的，劳动者可以依法向当地人民法院申请支付令，人民法院应当依法发出支付令。二是规定用人单位应当严格执行劳动定额标准，不得强迫或者变相强迫劳动者加班。用人单位安排加班的，应当按照国家有关规定向劳动者支付加班费。三是规定劳动者对用人单位管理人员违章指挥、强令冒险作业有权拒绝，不视为违反劳动合同；对危害生命安全和身体健康的劳动条件，有权对用人单位提出批评、检举和控告。

（2）规定了特殊情形下劳动合同的履行

一是规定用人单位变更名称、法定代表人、主要负责人或者投资人等事项，不影响劳动合同的履行。

二是规定用人单位发生合并或者分立等情况，原劳动合同继续有效，劳动合同由承继其权利义务的用人单位继续履行。

（3）规定了劳动合同变更的一般原则

《劳动合同法》第三十五条规定，用人单位与劳动者协商一致，可以变更劳动合同约定的内容。也就是说，协商一致原则是劳动合同变更的一般原则。

（4）规定了劳动合同变更的形式

《劳动合同法》第三十五条规定，变更劳动合同，应当采用书面形式。变更后的劳动合同文本由用人单位和劳动者各执一份。

3. 劳动合同的终止和解除

劳动合同期满或者当事人约定的劳动合同终止条件出现，劳动合同即行终止。

劳动者有下列情形之一的，用人单位可以解除劳动合同：在试用期间被证明不符合录用条件的；严重违反劳动纪律或者用人单位规章制度的；严重失职，营私舞弊，对用人单位利益造成重大损害的；劳动者同时与其他用人单位建立劳动关系，对完成本单位工作任务造成严重影响，或经用人单位提出，拒不改正的；以欺诈、胁迫的手段或趁人之危，使对方在违背真实意思的情况下订立或变更劳动合同致使劳动合同无效的；被依法追究刑事责任的。

经劳动合同当事人协商一致，劳动合同可以解除。依照国家有关规定给予经济补偿。

有下列情形之一的，用人单位可以解除劳动合同，但是应当提前三十日以书面形式通知劳动者本人，同时应当依照国家有关规定给予经济补偿：劳动者患病或者非因工负伤，医疗期满后，不能从事原工作也不能从事由用人单位另行安排的工作的；劳动者不能胜任工作，经过培训或者调整工作岗位，仍不能胜任工作的；劳动合同订立时所依据的客观情况发生重大变化，致使原劳动合同无法履行，经当事人协商不能就变更劳动合同达成协议的。

用人单位濒临破产进行法定整顿期间或者生产经营状况发生严重困难，确需裁减人员的，应当提前三十日向工会或者全体职工说明情况，听取工会或者职工的意见，经向劳动行政部门报告后，可以裁减人员。同时应当依照国家有关规定给予经济补偿。

劳动者有下列情形之一的，用人单位不得解除劳动合同：在本单位从事接触职业危害作业的劳动者未进行离岗前职业健康检查，或者疑似职业病病人在诊断或者医学观察期间的；患职业病或者因工负伤并被确认丧失或者部分丧失劳动能力的；患病或者非因工负伤，在规定的医疗期内的；女职工在孕期、产期、哺乳期内的；在本单位连续工作满十五年，且距法定退休年龄不足五年的；法律、行政法规规定的其他情形。

用人单位解除劳动合同，工会认为不适当的，有权提出意见。如果用人单位违反法律、法规或者劳动合同，工会有权要求重新处理；劳动者申请仲裁或者提起诉讼的，工会应当依法给予支持和帮助。劳动者解除劳动合同，应当提前三十日以书面形式通知用人单位。

有下列情形之一的，劳动者可以随时通知用人单位解除劳动合同：在试用期内的；用人单位以暴力、威胁或者非法限制人身自由的手段强迫劳动的；用人单位未按照劳动合同约定支付劳动报酬或者提供劳动条件的。

第四节　其他相关法律

一、《中华人民共和国农产品质量安全法》的相关知识

为保障农产品质量安全，维护公众健康，促进农业和农村经济发展，制定《中华人民共和国农产品质量安全法》（以下简称《农产品质量安全法》），自 2006 年起施行，2018 年修正，2022 年修订。本法所称农产品，是指来源于农业的初级产品，即在农业活动中获得的植物、动物、微生物及其产品。农产品质量安全是指农产品质量符合保障人的健康、安全的要求。

《农产品质量安全法》共八章，第一章总则、第二章农产品质量安全风险管理和标准制定、第三章农产品产地、第四章农产品生产、第五章农产品销售、第六章监督管理、第七章法律责任、第八章附则。《农产品质量安全法》明确了农产品的生产记录、包装标识、安全销售及违反《农产品质量安全法》的法律责任等。

《农产品质量安全法》第二十七条规定，农产品生产企业、农民专业合作社、农业社会化服务组织应当建立农产品的生产记录，如实记载下列事项：（一）使用农业投入品的名称、来源、用法、用量和使用、停用的日期；（二）动物疫病、农作物病虫害的发生和防治情况；（三）收获、屠宰或者捕捞的日期。农产品生产记录保存时间按照规定至少保存两年。国家鼓励其他农产品生产者建立农产品生产记录。同时，该条还规定，禁止伪造、变造农产品生产记录。第六十九条规定，对于农产品生产企业、农民专业合作社、农业社会化服务组织未依照本法规定建立、保存农产品生产记录，或伪造、变造农产品生产记录的，由县级以上地方人民政府农业农村主管部门责令其限期改正；对于逾期不改正的，处二千元以上二万元以下罚款。

《农产品质量安全法》第三十六条规定，农产品存在六种情况不得销售，分别是，第一，含有国家禁止使用的农药、兽药或者其他化合物；第二，农药和兽药等化学物质残留或者含有的重金属等有毒有害物质不符合农产品质量安全标准；第三种，含有的致病性寄生虫、微生物或者生物毒素不符合农产品质量安全标准；第四种，未按照国家有关强制性标准以及其他农产品质量安全规定使用保鲜剂、防腐剂、添加剂、包装材料等，或者使用的保鲜剂、防腐剂、添加剂和包装材料等不符国家有关强制性标准以及其他质量安全规定；第五种，病死、毒死或者死因不明的动物及其产品；第六种，其他不符合农产品质量安全标准的情形。

《农产品质量安全法》规定，农产品生产企业、农民专业合作社以及从事农产品收购的单位和个人销售的农产品必须按照规定，第一，应当包装或者附加承诺达标合格证等标识的，

须经包装或者附加标识后方可销售。包装物和标识上还应当按照规定，标明产品的品名、产地、生产者、生产日期、保质期、产品质量等级等内容。如果产品使用添加剂的，还应当按照规定标明添加剂的名称；第二，农产品在包装、保鲜、储存、运输过程中所使用的保鲜剂、防腐剂、添加剂、包装材料等应当符合国家有关强制性标准以及其他农产品质量安全规定；第三，如果销售的农产品属于转基因生物的农产品，应当按照农业转基因生物安全管理的有关规定进行标识；第四，依法需要检疫的动植物及其产品，还应附检疫标志和检疫证明；第五，销售的农产品必须符合农产品质量安全标准。农产品质量符合国家规定的有关优质农产品的，农产品生产经营者还可以申请使用农产品质量标识。

二、《中华人民共和国农村土地承包法》的相关知识

《中华人民共和国农村土地承包法》（以下简称《农村土地承包法》）是为稳定和完善以家庭承包经营为基础、统分结合的双层经营体制，赋予农民长期而有保障的土地使用权，维护农村土地承包当事人的合法权益，促进农业、农村经济发展和农村社会稳定制定的一部法律，自 2003 年 3 月 1 日起施行，2009 年 8 月 27 日第一次修正，2018 年 12 月 29 日第二次修正。农村土地是指农民集体所有和国家所有依法由农民集体使用的耕地、林地、草地，以及其他依法用于农业的土地。

《农村土地承包法》共五章，第一章总则、第二章家庭承包、第三章其他方式的承包、第四章争议的解决和法律责任、第五章附则。

《农村土地承包法》明确规定了土地发包方和承包方的权利义务、土地承包的期限、土地承包经营权流转的原则、土地承包纠纷的争议解决和法律责任、土地流转管理等。土地承包经营权采取转包、出租、互换、转让或者其他方式流转，当事人双方应当签订书面合同。采取转让方式流转的，应当经发包方同意；采取转包、出租、互换或者其他方式流转的，应当报发包方备案。

土地承包经营权流转合同一般包括以下条款：双方当事人的姓名、住所；流转土地的名称、坐落、面积、质量等级；流转的期限和起止日期；流转土地的用途；双方当事人的权利和义务；流转价款及支付方式；违约责任。

本章小结

本章将与农业经理人职业紧密相关的法律作了简要的介绍，包括两部综合性法律《农业法》和《民法典》、两部关于雇佣工人相关的法律《劳动法》和《劳动合同法》、两部关于市场主体的法律《公司法》和《农民专业合作社法》、一部农产品质量的法律《农产品质量安全法》和一部关于土地的法律《农村土地承包法》。通过对本章相关法律的学习，将极大提升农业职业经理人的法律知识和法律素养，可以为从事农业经营活动最大限度地降低法律风险。

复习思考

① 请简述在《农产品质量安全法》中关于农产品生产记录的相关内容。

② 请写出《农产品质量安全法》中关于农产品不得销售和禁止销售的情况。
③ 请列出《农民专业合作社法》中规定的农民专业合作社解散的事由或原因。
④ 请列出《民法典》中关于侵害人身权益和财产权益的赔偿规则、精神损害赔偿规则。
⑤ 请简述在《劳动合同法》中对于劳动合同履行的一般原则。
⑥ 请根据《农村土地承包法》的相关法条进行相关分析。

A 的丈夫 B 系退休工人。2000 年 1 月 1 日，A、B 以家庭承包的方式在 C 村承包经营 6.21 亩土地。A 分别于 2013 年 1 月 1 日、2014 年 1 月 1 日与 C 村村委会签订土地流转合同，将自己家庭承包的 6.21 亩土地流转给 C 村村委会，C 村村委会按照每年每亩土地流转费 1500 元于每年 12 月 31 日前将当年的土地经营权转让金支付给 A。两合同期限均至 2029 年 12 月 31 日止。C 村村委会每年分别向 A 支付流转费 2115 元、9225 元、10 701 元、7216 元。C 村村委会称，1999 年登记居民户口簿时，B 隐瞒其为非转农迁入的退休人员。2016 年 10 月核查时发现《常住人口登记卡》和《户籍管理常住人口登记表》中，B 登记身份不一致。根据区相关规定，B 无权承包土地。2016 年 12 月 13 日，C 村村委会成员及村民代表共同决议停止发放 B 一人 2016 年的土地流转金 3015 元。那么 B 被截留的土地流转金能否要回呢？

参考文献

［1］农业农村部人力资源开发中心. 农业经理人培训教材系列丛书——公共基础知识[M]. 北京：中国农业出版社，2023.

［2］农业农村部人力资源开发中心. 农业经理人（理论）[M]. 北京：中国农业出版社，2021.

［3］袁亮. 农业经理人基础知识[M]. 北京：中国农业科学技术出版社，2020.

［4］吴坚. 农业企业经营与管理[M]. 昆明：云南大学出版社，2013.

［5］周三多. 管理学[M]. 北京：高等教育出版社，2000.

［6］刘锐主. 农产品质量安全[M]. 北京：中国农业大学出版社，2017.

［7］汪腾. 农产品市场营销[M]. 成都：西南交通大学出版社，2011.

［8］彭静，彭芳. 农村财务管理与会计[M]. 重庆：重庆大学出版社，2017.